Traduire Le Testament De Dieu

Un plaidoyer pour la promotion de la traduction de la Bible et le développement des langues en Afrique.

Traduire Le Testament De Dieu

Un plaidoyer pour la promotion de la traduction de la Bible et le développement des langues en Afrique.

Napo Poidi

Copyright © 2014 Napo Poidi

Published in 2015 by Wide Margin,
90 Sandyleaze, Gloucester, GL2 0PX, UK
http://www.wide-margin.co.uk/

NB : A quelques exceptions près, tous les textes bibliques cités sont tirés des versions Colombe et Parole de Vie.

The right of Napo Poidi to be identified as the Author of this Work has been asserted by him in accordance with the Copyright, Designs and Patents Act 1988.

All rights reserved. No part of this publication may be reproduced, stored in a retrieval system, or transmitted in any form or by any means electronic, or mechanical, photocopying, recording or otherwise, without the prior permission of the publisher or a licence permitting restricted copying.

ISBN 978-1-908860-XX-X

Printed and bound in Great Britain by Lightning Source, Milton Keynes

*A tous les traducteurs de la Bible
et aux promoteurs des langues*

Remerciements

Nous voulons reconnaitre et saluer le soutien sans faille qu'ont démontré tous nos amis personnels, parents et partenaires dans le ministère de la traduction de la Bible que nous avons exercé pendant plus de trente années. Notre gratitude va à l'Eglise des Assemblées de Dieu du Togo, qui nous a envoyés sur le champ missionnaire de la traduction de la Bible au moment où l'on découvrait à peine ce ministère au Togo.

Nous sommes redevables à Madame Honorine Gblem-Poidi, ma chère épouse, Conseillère en linguistique et Enseignante-Chercheur à l'Université de Lomé, pour ses précieux conseils et son soutien lors de la rédaction de cet ouvrage. Nous sommes également redevables à Madame Sheila Crunden, Conseillère en traduction, pour sa contribution à travers une lecture minutieuse du texte et pour ses suggestions qui m'ont permis d'améliorer le contenu de l'ouvrage. Enfin, nous exprimons notre reconnaissance à Monsieur René Wodomé, Inspecteur de l'Enseignement du 2e et 3e Degré, pour les corrections apportées au texte.

Que tous, y compris ceux qui n'ont pas été mentionnés, trouvent ici l'expression de notre reconnaissance et remerciements pour leur participation directe ou indirecte à la mission de la traduction de la Bible au Togo et en Afrique.

Vous avez semé de tout cœur, vous moissonnerez dans l'allégresse au jour du retour de notre Seigneur et Sauveur Jésus-Christ.

À Dieu Tout-Puissant seul soit la Gloire !

Prologue

Dieu fait une chose nouvelle !

Un matin de 1978, un linguiste-traducteur de l'Organisation Wycliffe Suisse est venu à une réunion des Groupes Bibliques Universitaires tenue au Foyer des Marins à Lomé, pour partager sa passion pour la traduction de la Bible dans les langues maternelles et la place qu'elle occupe dans la croissance de l'Eglise. Son message suscita en moi un intérêt particulier pour la traduction de la Bible dans ma langue maternelle bassar. J'ai alors compris que le Seigneur voulait que je m'engage dans ce ministère au bénéfice des deux cent mille locuteurs Bassar : « Considère maintenant que l'Éternel t'a choisi, afin que tu bâtisses une maison qui serve de sanctuaire. Fortifie-toi et agis. » (1 Ch. 28 :10).

En 1990, la traduction du Nouveau Testament en langue bassar est achevée. Celle de l'Ancien Testament dans la même langue a commencé en 1997 et est achevée quinze ans plus tard. Parallèlement, la traduction du Nouveau Testament en langue igo est initiée 1991 et achevée en décembre 2013.

Après la dédicace du Nouveau Testament en bassar en 1992, le partage de la vision de la traduction de la Bible avec l'Eglise au Togo va conduire à la naissance, en avril 2000, de

PROLOGUE

l'Association Wycliffe Togo pour la traduction de la Bible et l'alphabétisation.

Dieu fait une chose nouvelle ! Il dit dans le livre du prophète Esaïe au chapitre 43, le verset 19 :

> « Voici, je vais faire une chose nouvelle, sur le point d'arriver : Saurez-vous bien la reconnaitre ?
> Je mettrai un chemin dans le désert, Et des fleuves dans la solitude. »

En effet, Dieu est en train de faire une nouvelle chose pour son Eglise, tout comme il l'a fait dans le passé pour la délivrance du peuple d'Israël. Mais pour nous aussi, la question reste la même que celle que Dieu a posée au peuple d'Israël par la bouche du prophète Isaïe : « Saurez-vous bien la reconnaître ? »

A moins que nous apprenions à régler notre entendement spirituel sur ce que Dieu dit, nous ne saurions reconnaitre la chose nouvelle que Dieu fait autour de nous aujourd'hui. Dieu peut nous dire par exemple quand il faut agir et quand il faut garder le calme ; ou encore, quand il faut se lever et quand il faut s'assoir. La Parole de Dieu dit :

> « Tes oreilles entendront derrière toi cette parole :
> Voici le chemin, marchez-y !
> Quand vous irez à droite,
> Ou quand vous irez à gauche. » (Esaïe 30 :21)

Malgré ce que nous pouvons entendre autour de nous, nous devons garder la foi en ce que Dieu dit dans son Testament pour chaque être humain, c'est-à-dire la Bible. Ainsi nous pourrons en reconnaître et comprendre les implications. John Wycliffe, traducteur de la Bible en anglais courant et précurseur de la Réforme de l'Eglise au 14e siècle, disait : « Ignorer les Saintes Ecritures, c'est négliger Christ ».

L'Epître aux Hébreux nous parle de ces chrétiens qui, après avoir fait des progrès dans la connaissance du Seigneur, ne voyaient plus la nécessité de fréquenter leurs assemblées, les seuls endroits à l'époque, où ils pouvaient écouter la lecture publique des Saintes Ecritures. Car à cette époque, la Bible n'était pas disponible pour tous, l'imprimerie n'était pas encore inventée. Il n'est pas certain que chaque église ait pu avoir son rouleau, ne serait-ce que de quelques livres de l'Ancien Testament. D'où cet avertissement lancé à leur endroit : « N'abandonnons pas notre assemblée, comme c'est la coutume de quelques-uns... » (Hébreux 10 :25a).

Leur ignorance des Saintes Ecritures avait refroidi leur amour pour le Seigneur, car les vérités bibliques qu'ils connaissaient bien autrefois étaient tout simplement oubliées. De ce fait, ils avaient régressé dans leur foi en Christ et avaient de nouveau besoin qu'on leur enseigne les rudiments de la Parole de Dieu :

> « Il s'est passé suffisamment de temps pour que vous deveniez des maîtres, et pourtant vous avez encore besoin qu'on vous enseigne les premiers éléments du message de Dieu. Vous avez encore besoin de lait, au lieu de nourriture solide. Celui qui se contente de lait n'est qu'un enfant, il n'a aucune expérience au sujet de ce qui est juste » (Hébreux 5 : 12-13).

N'est-ce pas le risque que nous courons tous ? « C'est pourquoi nous devons d'autant plus nous attacher aux choses que nous avons entendues, de peur que nous ne soyons emportés loin d'elles » (Hébreux 2 : 1).

Mais ne pourrait-on pas dire autant de la condition de beaucoup de chrétiens aujourd'hui en Afrique ? Ils sont nombreux en effet à n'avoir jamais eu accès aux Saintes Ecritures pour ensuite les négliger par paresse ! Plusieurs d'entre eux, depuis leur nouvelle naissance, n'ont connu que le lait d'une certaine prédication de la Parole de Dieu. Jamais, ils n'ont eu accès à la nourriture solide, car ils n'ont jamais eu l'occasion de lire les Saintes Ecritures pour eux-mêmes dans la langue qu'ils comprennent le mieux. Personne ne leur a jamais appris à lire la Bible, même quand elle est traduite dans leur langue maternelle. La lecture continue de la Bible aux fidèles dans l'Eglise n'est non plus une pratique courante dans toutes les assemblées ou paroisses aujourd'hui, puisque tout le monde peut facilement obtenir sa copie à un prix très bas. Or le chrétien qui se contente du christianisme limité uniquement au pardon de ses péchés, ne remplit pas son âme de la connaissance de la volonté de Dieu. Seules les Saintes Ecritures inspirées par le Saint-Esprit peuvent rendre le chrétien spirituellement sage et intelligent pour se départir des croyances traditionnelles et vivre par la foi en la Parole de Christ.

La chose nouvelle que Dieu fait aujourd'hui dans la mission de la traduction de la Bible et l'alphabétisation en langues africaines interpelle l'Eglise en Afrique à prendre ses responsabilités. L'Eglise locale africaine devrait chercher à se situer elle-même par rapport à son contexte et au contexte global d'aujourd'hui. Elle devrait pouvoir s'organiser pour mobiliser les ressources nécessaires en vue de la traduction de la Bible et la formation des chrétiens à l'utilisation des Saintes Ecritures traduites dans chacune de leurs langues maternelles. Les réseaux de partenariat africains devraient collaborer entre eux, et puis avec les réseaux chrétiens des autres continents, pour former un front uni pour la Mission de Dieu dans le monde ; un front qui œuvrera en particulier pour la traduction et la diffusion du Testament de Dieu, c'est-à-dire la Bible, pour tous les peuples et langues de la terre qui sont encore dans le besoin.

> *« C'est pourquoi le Christ est l'intermédiaire pour une alliance nouvelle, un testament nouveau. Il est mort pour libérer les êtres humains des fautes commises quand ils étaient soumis à la première alliance. Alors ceux que Dieu a appelés peuvent recevoir les biens qu'il a promis et qui durent toujours. »* (Hébreux 9 :15, PV)

Chapitre 1

Wycliffe en Afrique

Dans son pays, tout le monde l'appelait « Monsieur Wycliffe », mais son vrai nom c'était John Agama. Ancien officier de Police de son pays le Ghana, Monsieur Agama était chargé de la communication dans l'organisation ghanéenne pour la traduction de la Bible et l'alphabétisation dénommée GILLBT (Ghana Institute of Linguistics, Literacy and Bible Translation).

Alors qu'il étudiait en Angleterre dans les années 1950, Monsieur Agama reçu une invitation pour enseigner l'éwé sa langue maternelle, aux missionnaires traducteurs de la Bible en formation linguistique au Centre Wycliffe. Fasciné par la vision de ces jeunes missionnaires qui se préparaient à partir en Amérique Latine pour traduire les Saintes Ecritures dans les langues de ce continent, il se mit à penser à son propre pays le Ghana et ses multiples langues qui n'ont pas encore d'écriture ni de Bible traduite, contrairement à la sienne, l'éwé.

En effet, des missionnaires Allemands de la Mission de Brême avaient déjà traduit la Bible dans la langue éwé au début du 20e siècle. Monsieur Agama avait donc pu expérimenter, très jeune, la bénédiction de pouvoir lire la Bible dans sa propre langue. C'est pourquoi il ne pouvait plus rester indifférent au besoin des autres peuples voisins du peuple éwé. Pour cela, il lança un appel pressant aux traducteurs de la Mission Wycliffe, pour qu'ils viennent traduire la Bible dans les autres langues du Ghana. Quelques années plus tard, les premiers missionnaires de Wycliffe, traducteurs de la Bible, débarquèrent sur le territoire Ghanéen sous les auspices de SIL (Summer Institute of Linguistics). C'était au début des années 1960. La mission de SIL en Afrique allait ainsi prendre de l'envol au Ghana, sous l'impulsion des pionniers de l'œuvre, respectivement, Dr Georges Cowan et Dr John Bendor-Samuel qui sera le Directeur promoteur de SIL en Afrique.

SIL est une organisation internationale engagée dans le développement des langues et la traduction au sein des groupes linguistiques minoritaires à travers le monde. SIL International est le premier partenaire de Wycliffe Alliance Mondiale. Les deux organisations ont un même fondateur, William Cameron Townsend. (TOWNSEND et PITTMAN 1974, 1996)

En 1936, William Cameron Townsend et ses collaborateurs, créèrent une organisation dans le double but de soutenir le ministère qu'ils accomplissaient au Mexique parmi les groupes linguistiques minoritaires et de recruter, former et envoyer des personnes appelées pour accomplir le même travail qu'ils faisaient. Ils ouvrirent un centre de formation linguistique en Arkansas, aux Etats-Unis. Ce centre ne fonctionnait qu'en été, d'où le nom donné à l'organisation qui en est sortie : « Summer Institute of Linguistics » (SIL).

L'œuvre va grandir très rapidement. En 1942 il y avait plus d'une centaine de membres travaillant sur une trentaine de langues au Mexique, puis petit à petit, dans les pays d'Amérique Latine, dont le Guatemala, le Pérou et l'Equateur. Le besoin de mettre en place une structure à domicile pour mobiliser et acheminer les ressources sur le terrain se faisait sentir. William Cameron Townsend et ces collaborateurs vont alors fonder l'organisation Wycliffe Bible Translators en 1942.

Dans les années 1950, l'organisation Wycliffe Bible Translators va s'implanter sur d'autres continents, notamment en Europe. L'œuvre de traduction de la Bible commença également dans le Pacifique, aux Philippines et en Papouasie Nouvelle Guinée. Mais il faudra attendre le début des années 1960 pour que l'œuvre de traduction de la Bible débute dans quelques pays en Afrique, à commencer par le Ghana, quand les premiers traducteurs Wycliffe débarquèrent dans ce pays.

Summer Institute of Linguistics (SIL) a commencé son travail au Ghana en 1962 par un Accord de Coopération avec l'Institut des Etudes Africaines de l'Université du Ghana, Legon. Ainsi, sous ce parapluie, SIL va recevoir un agenda, celui de promouvoir le développement des langues minoritaires ghanéennes. De 1962 à 1972, le statut de SIL au Ghana était celui d'un Institut des Langues. En 1972, il fut décidé de changer l'Institut des Langues en une institution nationale légalement reconnue sous la dénomination de GIL (Ghana Institute of Linguistics), une organisation à but non lucratif. En 1980, GIL est de nouveau changé en GILLBT (Ghana Institute of Linguistics, Literacy and Bible Translation). GILLBT signe alors un autre accord de partenariat avec SIL International. Sous cet accord, le personnel de SIL va être affecté dans GILLBT pour mener des programmes de développement des langues ghanéennes. GILLBT va ainsi pouvoir développer sa propre identité et éthique, mais elle restera profondément marquée par la vision et les objectifs de l'organisation mère SIL, sur laquelle elle s'est greffée.

Tout comme GILLBT au Ghana, l'œuvre commencée par SIL dans différents pays sur le continent africain va connaître l'implication de nationaux animés d'un amour brûlant pour leurs langues et pour la Parole de Dieu en cours de traduction dans ces langues. Grâce à leur contribution, des organisations locales parallèles vont émerger pour promouvoir l'œuvre de traduction de la Bible et l'alphabétisation. Cependant, quelque soit la voie empruntée pour la formation de ces organisations, « l'ADN de SIL » va être transmis à chacune d'entre elles. En

Afrique, elles seront regroupées sous la dénomination d'Organisations Nationales de Traduction de la Bible (ONTB). On aura ainsi, GILLBT (Ghana), NBTT (Nigeria Bible Translation Trust), BTL (Bible Translation and Literacy, Kenya), CABTAL (Cameroun Bible Translation and Literacy Association), ANTBA (Association Nationale de Traduction de la Bible et l'Alphabétisation, Burkina Faso), ACATBA (Association Centrafricaine de Traduction de la Bible et l'Alphabétisation), ATALTRAB (Association Tchadienne d'Alphabétisation et de Traduction de la Bible).

Chacune de ces organisations sera perçue comme une continuité de l'action missionnaire transmise par SIL. La préoccupation première sera de mettre les Saintes Ecritures entre les mains des peuples dans leurs langues maternelles, à commencer par le Nouveau Testament. Ainsi la tâche de la traduction de la Bible dans chacune des langues encore dans le besoin et l'alphabétisation va être propulsée, avec pour cap d'achever la traduction dans cette génération. Tous les moyens sont alors mis en œuvre en vue de traduire et de publier le Nouveau Testament et promouvoir l'alphabétisation également. Le résultat sera phénoménal. Plusieurs groupes ethniques et linguistiques vont ainsi recevoir leur Nouveau Testament dûment traduit dans leur langue, la langue de leur cœur. Cette contribution de SIL International est un élément déterminant dans la croissance de l'Eglise en Afrique.

GILLBT au Ghana en est l'exemple typique. En trente années [1] de labeur sur des langues jamais écrites auparavant, 26 langues ont reçu le Nouveau Testament. Environ 36 000 apprenants ont été formés dans plusieurs centaines de classes d'alphabétisation, par plus de 1700 facilitateurs en alphabétisation, sous la supervision de 175 spécialistes en alphabétisation.

---

1. *Walter, Stephen L. - Jackson, Christopher L. - Lawson, Theophilus M.*
  — GILLBT, 30 Years Ago, Mother-Tongue, p.6, 1992.

Sous la contrainte de la persécution

Contrairement à GILLBT, la création de l'Organisation Nationale de Traduction de la Bible au Nigéria (NBTT), alors deuxième en son genre en Afrique, se fera dans des conditions particulièrement difficiles. Dans les années 1960, la guerre froide battait son plein dans le monde entre le bloc Soviétique d'une part et le bloc Occidental de l'autre. Les pays africains étaient très courtisés par chacun des deux blocs qui cherchaient à rallier autant d'alliés dans leurs camps. Au même moment au Nigeria, la guerre du Biafra faisait rage. Le Gouvernement Nigérian devenait de plus en plus méfiant à l'égard de tout ce qui était étranger sur son territoire. En 1976, le Gouvernement Nigérian décrète que toutes les institutions étrangères sur son territoire devraient incorporer en leurs seins des nationaux. La pression fut donc accentuée sur SIL au Nigéria qui n'était pas préparé pour une telle opération. Du coup SIL s'est mis sous le coup de la loi et fut sommé de quitter le pays. Le Centre qui abritait le siège de SIL fut réquisitionné à Jos au nord de Lagos. C'est alors seulement que l'on fit appel aux cadres chrétiens Nigérians à venir à la rescousse en vue de sauvegarder ce qui pouvait encore l'être. Parmi eux, Dr John Adivé, à l'époque Enseignant-chercheur à l'Université. Dr Adivé et son épouse Marthe seront parmi les tous premiers nationaux à s'impliquer dans la traduction avec Nigéria Bible Translation Trust (NBTT). Il en deviendra le premier Directeur.

Ainsi sous la pression des événements extérieurs, SIL cède sa place à NBTT. Pendant ce temps, une grande partie du personnel de SIL au Nigéria est allé dans les pays voisin, principalement au Ghana et au Cameroun, pour renforcer la présence de SIL dans ces pays. Quelques uns sont allés au Togo pour implanter une nouvelle filiale SIL.

Cette crise commencée au Nigéria va rattraper de nouveau SIL au Népal en Asie en 1979, où les traducteurs de la Bible seront amenés à quitter le pays.

Ces événements vont contribuer à renforcer l'implication des nationaux dans le mouvement de traduction de la Bible avec SIL en Afrique. Le personnel de SIL parti du Nigéria découvre la nécessité impérieuse de changer d'approche dans l'accomplissement de leur ministère, dans leur nouveau pays d'accueil. Quelques nationaux qui se sont illustrés au cours des formations linguistiques données par SIL vont être acceptés comme membres dans SIL, au même titre que les expatriés. Il s'agira entre autres de Joseph Nfonyam au Cameroun, Justin Frempong et Grace Adjekum au Ghana, Napo et Honorine Poidi au Togo, Barnabé et Eliane Mensah au Bénin. Des personnalités comme Emmanuel Ndjok (Cameroun), William Adai (Ghana), Daniel Campaoré (Burkina Faso), Abel Ndjerareou (Tchad), vont aussi jouer un rôle important dans la promotion de la traduction de la Bible dans leurs pays respectifs.

Désormais, SIL va mettre l'accent sur le partage de la vision de la traduction de la Bible avec les églises, et avec les Groupes Bibliques Universitaires (GBU), où se concentrent un grand nombre d'intellectuels chrétiens, surtout dans les pays francophones.

Dans les autres pays, en particulier au Kenya, l'expérience de GILLBT et NBTT va inspirer les pionniers de l'œuvre de traduction de la Bible. Sous l'impulsion de Micah Amukobole, les leaders d'églises du Kenya adoptent une autre stratégie pour l'implantation du mouvement de traduction au Kenya. SIL ne pourra pas implanter une « Filiale » comme partout ailleurs, mais plutôt un « Groupe de travail ». La différence est de taille. Une filiale aura besoin d'une reconnaissance officielle et d'un accord de siège dans le pays d'accueil. En revanche, un groupe peut travailler sous le couvert d'une institution locale et être facilement dissout. La seule institution autorisée sera donc Kenyane. Elle sera fondée en 1984 sous le nom de « Bible Translation and Literacy » (BTL). Le Groupe de travail de SIL au Kenya signera alors un accord de coopération avec BTL. Cet accord permettra à SIL d'affecter du personnel dans BTL, seulement à la demande de ce dernier. L'Eglise locale au Kenya avait donc tiré des leçons de l'expérience nigériane.

La quatrième période de l'histoire des missions

Le missiologue Ralph D. Winter, directeur du Centre for World Missions aux Etats-Unis avait divisé l'histoire des missions modernes en trois périodes [2]. Mais aujourd'hui on estime qu'une quatrième période a vu le jour au moment des indépendances (SANNEH 2003, p. 18). La première période est marquée par William Carey, le père des missions modernes, en 1792. La deuxième période par Hudson J. Taylor en 1865, la troisième période est celle de William Cameron Townsend en 1917, tandis que la quatrième période est marquée par l'entrée en scène des missions nationales (ibid.) des pays qui, jusque là, ont été bénéficiaires du travail missionnaire. Cette quatrième période s'ouvre avec de nombreux défis notamment, celui du développement des partenariats équilibrés entre les missions occidentales et les missions nationales qui arrivent avec de grands besoins financiers.

La quatrième période va aussi inaugurer une nouvelle approche dans la production des traductions des Saintes Ecritures en langues maternelles. Jusque là les traductions étaient faites par les missionnaires expatriés avec l'aide de locuteurs natifs d'un faible niveau académique. Ceux-ci servaient dans les équipes de traductions comme informateurs de langue aux côtés du personnel linguiste de SIL. Désormais, les traductions bibliques seront faites par des locuteurs natifs formés sur les principes de traduction prônés par Nida et Taber au début des années 1960. Selon Nida et Taber (1974), deux figures

---

2. Article paru dans Evangelical Missions Quaterly, Avril 1981. L'auteur, Ralph Winter est Directeur Fondateur du US Center for World Mission à Pasadena, Californie, USA.

emblématiques de la traduction de la Bible dans le monde à l'époque, la tâche du traducteur c'est de reproduire dans la langue cible, l'équivalent le plus proche possible du texte de la langue source. Ainsi pour Nida et Taber, le traducteur a pour rôle essentiel de transmettre le message de telle sorte que le récepteur cible vive la même expérience en le lisant que le récepteur original en a vécue. La forme du texte doit être maintenue sauf si son changement contribue à rendre le sens du message original plus claire dans la langue cible. Seul un traducteur natif qui possède le génie de sa langue maternelle et les techniques de traduction peut prétendre atteindre cet objectif. Le rôle du traducteur en langue maternelle est ainsi propulsé en avant.

Aujourd'hui, nous assistons à l'émergence d'une nouvelle génération de traducteurs en langues maternelles qui sont capables de produire des traductions en se servant des textes originaux hébreu et grec. Ce virage qui vise l'excellence dans la traduction de la Bible a été possible grâce à la contribution de visionnaires comme Monsieur et Madame Halvor et Mirja Ronning qui ont fondé le « Home for Bible Translators » (HBT), le Foyer des Traducteurs, une institution de formation en hébreu biblique basée à Yad Hashmona dans la banlieue de Jérusalem, en Israël. Nous en avons nous-mêmes bénéficié de la même formation il y a quelques années.

Certes, l'implication des traducteurs en langues maternelles bien formés accélère le travail et améliore la qualité de la traduction biblique en langues maternelles. Cependant cette initiative ne doit pas mener à la formation d'une élite déconnectée de sa base qui est l'Eglise locale africaine, au risque de voir compromises pour longtemps les retombées du mouvement de la traduction de la Bible en Afrique sur la pensée chrétienne africaine.

En effet, cette génération de traducteurs en langues maternelles qui sortent des formations en Israël, est mieux outillée pour corriger les erreurs de traduction biblique, dont certaines sont introduites dès les premiers siècles, depuis que la Bible hébraïque est considérée comme un livre du Canon chrétien. Quelques unes de ces erreurs proviennent du développement de formes nouvelles et de la terminologie lévitique dans le concept de l'Eglise. Comme exemple, Malachie 1 : 10-14 est réinterprété suivant la ligne de pensée selon laquelle l'Eglise a remplacé Israël (Théologie du Remplacement, DIPROSE 2004), en dépit de la réaffirmation dans Romains 9 à 11 du statut de « Peuple élu de Dieu » attribué à Israël. Cette réinterprétation va même conduire au développement dans l'Eglise des formes comme : « prêtre » au lieu de « ancien » pour désigner l'expression « responsable de l'Eglise locale » et de l'utilisation de « prêtrise » pour décrire le « ministère chrétien ».

En dehors de ces formes, il y a aussi d'autres difficultés liées au texte original duquel certaines traductions anciennes de la Bible ont été produites dans les langues européennes. Par exemple, le texte de la Bible Hébreu agréé est le Texte Traditionnel encore appelé le Texte Massorétique. Cette version contient des accentuations claires sur la lecture qui était faite du texte il y a deux mille ans dans les synagogues. Ce Texte et sa lecture sont confirmés par une découverte archéologique de la Bible Hébreu appelée « Manuscrits de Qumran ». Les parchemins de Qumran sont datés du premier siècle avant Jésus-Christ. Les accentuations appelées « téhamim » qui signifient épices en hébreu, donnent de la saveur au texte c'est-à-dire la lecture que l'on doit faire ou bien la compréhension qui se dégage du texte. Ces « téhamim » sont très utiles au traducteur de la Bible en langues maternelles avisé, lorsque celui-ci se trouve devant un choix au cours de la traduction et qu'il doit trancher. Comme exemples, considérons Esaïe 40 :3 et Genèse 10 :21.

Dans Esaïe 40 :3, la difficulté concerne l'endroit où se trouve « la voix qui crie ». Dans la version Louis Second 1910 et dans d'autres versions françaises de la Bible, notamment la Bible de Jérusalem, la voix qui crie peut venir de partout, mais c'est dans le désert que le chemin doit être préparée : « Une voix crie : Préparez au désert le chemin de l'Eternel ». En revanche la version Colombe et Semeur disent que la voix est dans le désert : « Une voix crie dans le désert : Ouvrez le chemin de l'Éternel ». Quelle lecture faut-il faire de ce texte pour ensuite le traduire dans la langue maternelle ? Le traducteur en langue maternelle avisé saura trancher à partir du Texte Massorétique Hébreu agréé.

Cependant dans l'Evangile de Mathieu 3 :3 et Jean 1 :23 nous lisons : « C'est ici la voix de celui qui crie dans le désert : Préparez le chemin du Seigneur ». Ici la citation est faite à partir d'une autre source, la version Septante qui est une traduction grecque de la Bible Hébreu.

Dans Genèse 10 :21, la difficulté consiste à déterminer qui, de Japhet et son frère, est le plus âgé, avant de traduire. Dans la plus part des langues africaines, on distingue entre deux frères ou deux sœurs par les termes de parenté « grand-frère » et « petit-frère » ; ou alors par « grande sœur » et « petite sœur ». Chez les Bassar comme chez plusieurs autres peuples africains, la distinction va plus loin et se fait en plus suivant le sexe de x : nìíjā 'frère de x de sexe féminin' ou nìísālī 'sœur de x de sexe masculin'. Ainsi pour traduire, il faut d'abord déterminer ces distinctions par le moyen d'une analyse componentielle des termes de parentés. Mais la langue française ne fait pas ce genre de distinction. Ici aussi, les « téhamim » donnent une lecture claire du texte et facilitent ainsi la tâche au traducteur en langue maternelle africaine. Il existe de nombreux passages de la Bible où les « téhamim » permettent à un traducteur de trancher à partir de la Bible Hébreu.

Dans le Nouveau Testament cette difficulté de traduction liée aux termes de parentés s'y trouve également. Comme exemple, prenons l'Evangile de Jean chapitre 11 et essayons de traduire les deux premiers versets dans une langue africaine qui fait la distinction avec les termes de parenté « petite sœur » et « grande sœur », ou « grand-frère » et « petit-frère » puis entre les termes « frère d'une personne de sexe féminin » et « sœur d'une personne de sexe masculin ». La retraduction de la version traduite en langue maternelle en utilisant les termes de parentés sera : Jean 11 :1-2 « Il y avait un malade, Lazare, de Béthanie, village de Marie et de Marthe, sa « grande-sœur ». Marie était celle qui oignit de parfum le Seigneur et lui essuya les pieds avec ses cheveux, et c'était son (frère d'une personne de sexe féminin) Lazare qui était malade. »

Ceci démontre l'importance des recherches linguistiques et sociolinguistiques préalables à la traduction des textes bibliques proprement dits dans une langue donnée ; mais également une connaissance des langues originales bibliques. Cependant la problématique de la traduction de la Bible se trouve dans le choix que fait les traducteurs. Toute traduction de la Bible répond à une question fondamentale : Faut-il apporter la Bible aux peuples où amener les peuples à la Bible ? Dans le premier cas de figure, la traduction, notamment celle de tous les concepts inconnus de la Bible est contextualisée. Tandis que dans le second cas, la traduction révèle aux peuples cibles un message adressé premièrement à un peuple étranger (en l'occurrence le peuple d'Israël), dans un contexte étranger (celui du peuple d'Israël), et donc pas nécessairement compréhensible par tous sans interprétation. Nous avons l'exemple de l'Eunuque Ethiopien dans le livre des Actes des Apôtres qui avait besoin de l'aide de Philippe pour comprendre le message qu'il lisait : « L'Esprit dit à Philippe : Avance, et rejoins ce char. Philippe accourut et entendit l'Éthiopien qui lisait le prophète Ésaïe. Il lui dit : Comprends-tu ce que tu lis ? Il répondit : Comment le pourrais-je, si quelqu'un ne me guide ? » (Actes 8 :29-31)

Un dialogue entre traducteurs de la Bible, théologiens, pasteurs, évangélistes et autres leaders de l'Eglise locale devient désormais un impératif sur le Continent. Les associations locales formées autour des projets de traduction au Togo sont des cadres conçus pour amorcer ce dialogue au niveau de chaque groupe ethnique et linguistique où un projet de traduction est en cours ou va l'être dans la langue maternelle. Ces associations sont entre autres : ACEB (bassar), ACATBLI (ifè), OADI (igo), APSEK (kabyè), APLA (akebu), ABTem (tem), ACPLL (lama), ASDN (nawdm), ATAPEB (moba).

Au niveau de l'Afrique Francophone, l'Initiative Francophone (Rubin POHOR et Michel KENMOGNE 2012) offre à juste titre un cadre propice pour ce dialogue. Car la réflexion théologique en Afrique devrait s'appuyer sur des principes herméneutiques sains à savoir : la prise en compte de tout le Canon biblique dûment traduit en langues maternelles, et la reconnaissance du caractère juif de Jésus, de l'Ancien Testament et d'une grande partie du Nouveau Testament.

Partenariat ou Dépendance ?

Les crises financières qui secouent le monde, notamment depuis les événements du 11 septembre 2001 à New York aux Etats-Unis d'Amérique, ont révélé la faiblesse du paradigme suivi par les missions occidentales dans leurs partenariats avec les missions africaines.

Au début, les agences étrangères venaient avec des projets conçus, prêts à prendre en charge à cent pour cent, les différentes missions et activités de leurs partenaires sur le champ missionnaire. C'est le temps des relations basées sur « l'Offre ». Le pourcentage de cette prise en charge a commencé par décroître avec les crises mondiales répétées. Car cette relation basée sur l'offre a montré ces limites. L'offre extérieure n'arrive plus à prendre en compte toutes les réalités et besoins spécifiques des bénéficiaires. Les évaluations ont montré que les résultats escomptés n'ont pas toujours été atteints. Ceci a donné naissance à une autre forme de relation basée cette fois-ci sur la « Demande ». De nos jours, la courbe de la relation basée sur l'offre tend vers zéro, tandis que celle de la relation basée sur la demande est en pleine croissance. Ceci indique

que le niveau d'implication des communautés bénéficiaires devient de plus en plus grand et indispensable à la réalisation des projets de développement.

Les Organisations Nationales de Traduction de la Bible (ONTB) n'en feront pas une exception. Au début de l'an 2000 et sous la pression de la crise systémique mondiale, chacune d'entre elles va être mise sous perfusion quant aux ressources financières acheminées de l'extérieur par Wycliffe et SIL International à ses partenaires. L'activité des projets de traduction va être réduite. Mais bien plus encore, la relève n'avait pas été bien préparée quant au personnel national qualifié dans les différents domaines du ministère de la traduction de la Bible. L'objectif des ONTB étant le même que celui de SIL, l'essentiel était de traduire le Nouveau Testament et le rendre accessible aux communautés bénéficiaires.

Jusque là, il y avait eu très peu de transfert de compétences aux nationaux et pas du tout de transfert de responsabilité dans l'accomplissement de la traduction de la Bible aux communautés bénéficiaires. Dans ces conditions, la pérennité des ONTB en dehors de la « Mission-mère » expatriée était compromise. Pire encore, l'Eglise locale qui n'avait jamais vraiment été impliquée, était considérée comme ne possédant rien à investir dans l'entreprise de la traduction de la Bible en langues maternelles. Sa place était assimilée à celle d'une assistée, à sa grande satisfaction, malheureusement. Pourtant, l'histoire de la traduction de la Bible en Afrique montre la part importante que certaines figures de cette Eglise Africaine ont pris dans l'œuvre ! Citons l'exemple de Mgr. Samuel Ajayi Crowther (1809-1891) le premier évêque de l'Eglise Anglicane au Nigéria, avait initié la traduction de la Bible en langue yorouba et supervisé cette traduction jusqu'à la fin. Naturellement, faute d'une réelle implication de l'église locale aujourd'hui, l'impact durable de la traduction de la Bible qui consiste en l'utilisation du produit fini dans la propagation de la Bonne Nouvelle de Jésus-Christ, en vue de la transformation des vies des bénéficiaires, se fait toujours attendre. « Car là où est ton trésor, là aussi sera ton cœur » (Luc 12 :34). Moralité, plusieurs traductions du Nouveau Testament faites au prix de longues années de travail et de sacrifices demeurent des livres fermés pour plusieurs foyers. Même des années après l'euphorie de la dédicace du « Livre de Dieu » en langue maternelle, il n'est pas rare de trouver des cas où seule une poignée de lecteurs se donnent encore la peine d'ouvrir le « Livre ».

Aujourd'hui, il est évident qu'il faut un changement de paradigme dans le contexte mondial actuel. L'Eglise en Afrique doit en prendre conscience et anticiper sur les faits. Le monde est en perpétuelle mutation et devient de plus en plus complexe, c'est-à-dire tissé ensemble dans un entrelacement de liens d'interdépendance et d'interaction synergique. La vie des sociétés repose « de moins en moins sur les rapports de forces et de plus en plus sur des rapports de flux » c'est-à-dire sur l'adaptation au changement et l'information continue sur son environnement, selon l'expression du scientifique français Joël de Rosnay. (ROSNAY 2012)

Bien auparavant, Seyi Lantam, Professeur d'Université en Droit International, déclarait dans une communication présentée au Forum local des acteurs du développement, au beau milieu de la crise qui secouait le Togo en 1992 : « La société nouvelle en gestation qui sortira des bouleversements actuels en Afrique sera caractérisée principalement par un fort désengagement de l'Etat de nombreux domaines vitaux de la vie communautaire, tant au niveau national que local, d'une part, et par une montée en force de la société civile qui prendra partout la relève des pouvoirs publics, d'autre part. » Cela revient à dire en termes clairs que des citoyens ordinaires, des hommes et des femmes comme vous et nous, individuellement ou collectivement au sein d'organisations et de groupements populaires à caractère volontaire et associatif, auront la charge d'identifier les besoins personnels et collectifs et d'entreprendre librement tout ce qui sera en leur pouvoir pour satisfaire ces besoins.

Ainsi, la responsabilité de satisfaire aux besoins individuels et collectifs de la société sera transférée en grande partie aux citoyens eux-mêmes, à quelque niveau qu'ils se trouveront. L'Etat, pour sa part, se contentera désormais de jouer le rôle d'arbitre, d'encadreur et de surveillant au moyen des instruments juridiques et institutionnels pour assurer à tous une égale et efficace protection dans le seul but d'instaurer et de maintenir un authentique climat de liberté, de paix et de sécurité porteur de progrès.

Il est bien évident que cette montée des acteurs civils ne s'improvisera pas comme par le moyen d'une baguette magique. Elle sera au contraire le produit d'une préparation consciente, méthodique, volontaire, et patiente. Elle sera l'œuvre des hommes et femmes qui, dès maintenant s'engagent résolument à s'y investir consacrant leur personne et leurs ressources : spirituelles, intellectuelles, morales, matérielles, et financières.

Telle sera la société future qui s'annonce ! L'Eglise locale doit pouvoir s'adapter au changement en cours dans son environnement et jouer son rôle pleinement au sein des différents peuples où elle est implantée.

Le constat est donc sans équivoque, le paradigme traditionnel de l'offre basé sur les rapports de forces, suivi par les agences missionnaires dans la réalisation de la traduction de la Bible a atteint ses limites. Un nouveau paradigme plus intégré aux réalités locales et basé sur la demande c'est-à-dire sur des rapports de flux d'interdépendance et d'interaction doit être appliqué. En d'autres termes, il faut initier dès maintenant une approche participative, un partenariat équilibré basé sur l'égalité et la solidarité des partenaires où les parties impliquées apportent chacune sa contribution singulière à la réalisation de la traduction de la Bible. Ainsi, à la place du développement de la dépendance totale de l'extérieur, il faut plutôt encourager le développement du partenariat, en interne d'abord, pour soutenir les missions et les missionnaires. Il nous faut dès maintenant en prendre conscience et l'appliquer effectivement, pour ne pas continuer à poser des actes qui inhibent les effets positifs de transformation induits par la traduction de la Bible, sur les églises locales et sur les populations qu'elles servent.

Ce constat a récemment poussé les Organisations Wycliffe et SIL à lancer une nouvelle initiative au Bangladesh en Asie, pour frayer un chemin vers la transformation du cœur de cette nation : « The Bangladesh Advance ». Il s'agit de coordonner des stratégies à haut potentiel basées sur la responsabilisation des populations locales à effectuer des changements. Car le Bengal, (d'où l'Etat moderne du Bangladesh est créé en 1971), a reçu l'Évangile grâce au ministère de William Carey, le père des missions modernes, il y a deux cents ans. Mais aujourd'hui, deux siècles après, ce pays qui est pourtant le berceau des missions modernes, demeure non seulement l'un des pays non atteints par l'Evangile, mais aussi l'un des pays les plus pauvres du monde. Toutes les missions s'accordent à dire que la transformation des peuples au Bangladesh ne s'effectuera pas principalement par des initiatives étrangères. Car Dieu a un plan pour l'Eglise locale dans ce pays : c'est qu'elle lui obéisse en s'engageant effectivement dans sa mission afin que son Esprit puisse transformer les communautés et partant toute la nation.

Ainsi pour qu'un vrai changement se produise, l'Eglise et les populations locales doivent devenir des agents de la transformation en s'y engageant effectivement. C'est ici que l'émergence des Organisations Wycliffe en Afrique prend tout son sens. D'ailleurs, l'amère expérience engendrée par la crise mondiale a réveillé la conscience collective de l'Eglise et des nations africaines, qu'il faut compter d'abord sur ses propres ressources si l'Afrique doit aller loin.

Comprendre la mission de la traduction de la Bible

La mission de la traduction de la Bible comme toute autre mission chrétienne, peut être perçue comme, « une participation à l'extension de "l'Envoi de Dieu" dans le monde » (Missiologue Karl Hartenstein).

Pour mieux comprendre la mission Wycliffe de la traduction de la Bible, il est important de retourner à la case de départ, c'est-à-dire, revisiter le contexte dans lequel Dieu a suscité la mission de la traduction de la Bible en anglais courant par John Wycliffe en 1382 en Angleterre. En effet, la mission de John Wycliffe est résumée dans une seule phrase rendue célèbre jusqu'à nos jours, dans l'histoire de l'Eglise : *"John Wycliffe, l'étoile brillante du matin de la Réforme"*. L'étoile du matin a infiltré l'Eglise locale anglaise et sa lumière a chassé les ténèbres qui enveloppaient cette Eglise. La lumière, c'est-à-dire la Parole de Dieu a pris sa place dans la vie de l'Eglise locale au fil du temps, parce que la Bible est traduite en anglais courant et sa lecture soutenue est promue. Il n'y a pas l'ombre d'un doute que William Cameron Townsend en avait reçu l'inspiration lorsqu'il fonda en 1942, sa deuxième organisation et l'appela « Wycliffe Bible Translators ».

Ainsi, au temps marqué, Dieu suscita la mission Wycliffe des Traducteurs de la Bible afin de faire briller la Parole de Dieu traduite dans toutes les langues maternelles dans l'Eglise et au sein de chaque communauté ethnique et linguistique dans le besoin, à travers le monde. Mais la première leçon à tirer c'est de comprendre que Dieu maintient toujours sa souveraineté sur sa mission à travers l'histoire. Après, il nous appartient, à nous, de tirer des instructions par une analyse attentive des actes de Dieu.

Dieu agit souverainement en son temps

« Mais quand l'accomplissement du temps est venu, Dieu a envoyé son Fils » (Galates 4 :4)

Dieu agit souverainement en son temps ! Aussi une étude du contexte de la période dite de « *l'accomplissement des temps* » en Judée, nous permet-elle de découvrir que certaines conditions préalables étaient réunies avant l'intervention de Dieu dans l'histoire. Parmi ces conditions préalables, citons deux : une période de paix sans précédent dans le monde méditerranéen imposée par l'Empire Romain (Pax Romana, 1er et 2è siècle après J-C), et un contexte linguistique et culturel favorable. Ces deux conditions étaient essentielles pour l'avènement du Fils de Dieu et pour la propagation de la Bonne Nouvelle qu'il apporte au monde.

S'agissant du contexte linguistique et culturel favorable, d'abord, la langue hébraïque était suffisamment élaborée depuis des millénaires. L'hébreu s'était hissée au niveau d'une langue qualifiée de concrète, parce qu'elle se marie bien avec la religion juive, elle-même très concrète. Ensuite, Dieu permit l'émergence et l'envahissement de la puissance linguistique et culturelle grecque à travers le monde d'alors. La langue grecque avait développé un parler courant, le « grec koinè », bien élaboré pour appréhender les nouveaux savoirs de l'époque. Ce parler grec était répandu dans tout le bassin de la méditerranée avant Jésus-Christ. La ligne de démarcation entre l'oralité et l'écriture en hébreu et en grec koinè était franchie et permettait une communication écrite efficace dans ces deux langues. La traduction biblique de l'hébreu en grec, deux siècles environ avant Jésus-Christ, connue sous le nom de la Septante, pouvait alors être faite en toute aisance. Plus encore, des débats philosophiques sur la vie et l'existence allaient bon train au sein de la société. Certes ce développement culturel va même propulser les religions païennes antiques. Celles-ci étaient bien organisées et bien structurées avec une vision céleste de la vie. Ceci explique bien l'événement relaté dans le livre des Actes des Apôtres (Actes 17 : 23-33). A Athènes, l'Apôtre Paul n'avait pas eu besoin de faire recours à un miracle pour communiquer l'Evangile aux grecs. La notion du « dieu inconnu », une réalité grecque de l'époque, suffira pour faire une brèche au sein des Athéniens.

Le contexte africain

Aujourd'hui en Afrique, la situation est différente de celle que nous venons de décrire.

D'abord, la religion traditionnelle en Afrique concerne avant tout la vie ici-bas, et non pas la vie après la mort, donc pas de vision céleste de la vie comme chez les grecs. Ici on reconnait l'existence d'un être suprême qui a créé le ciel et la terre. Cependant, l'on cherche néanmoins une protection auprès des dieux et des ancêtres afin de s'assurer le bien être sur cette terre.

Ensuite, le contexte africain aujourd'hui est plus proche de l'expérience romano-européenne de la période de John Wycliffe au 14e siècle. La chrétienté courait le risque de faire un saut mortel en passant de la spiritualité biblique à une religiosité couplée de magie, qui consistait en des tentatives de manipulation des faits et de charlatanisme. Or, dès que la religion se confond à la manipulation magique, il y a péril en la demeure. Car, la Parole de Dieu qui devrait être comprise dans son essence et dans sa finalité comme lumière, devient au contraire obscure, effrayante, opaque, réservée uniquement aux soi-disant initiés. C'est de là que naît l'occultisme.

A l'époque, la Bible en latin et l'office religieux uniquement en latin, séparaient les croyants de la divinité. L'officiant, s'il ne remplaçait pas Dieu, en devenait l'unique intermédiaire. Dans cette situation, au moins deux cas de figure sont possibles :

— Lorsque les intermédiaires sont intéressés et que l'esprit de gain prend le dessus, on assiste à des interprétations particulières des Saintes Ecritures. C'est bien le cas d'une bonne tranche de prédicateurs pasteurs aujourd'hui en Afrique.
— Lorsque les intermédiaires sont eux-mêmes ignorants, parce qu'ils n'ont pas la révélation, ils sont obligés de s'en tenir à la lettre pour les plus honnêtes. Sinon, c'est l'esprit de mensonge qui se substitue à l'Esprit de vérité biblique et proclame au nom de Dieu ce qu'il n'a jamais dit.

La disette de la lumière de la Parole de Dieu, celle de la connaissance et de l'anticipation, en somme la disette de la pensée chrétienne, mine aujourd'hui le Continent. L'Eglise africaine se doit urgemment de constituer ses propres bases de données à partir des langues maternelles locales et de former une armée de littéraires en langues maternelles.

La mission Wycliffe de traduction de la Bible a le privilège de jouer ce rôle de précurseur du réveil de l'Eglise locale africaine, selon qu'il est écrit : « Réveille-toi, toi qui dors et Christ t'éclairera ».

Mombassa, Kenya 1989

Dans cette perspective, en septembre 1989, sous la houlette du Président de Wycliffe International, David Cummings et du Dr John Bendor-Samuel, les leaders représentants les ONTB en Afrique, en Asie et au Pacifique sont invités à Mombassa au Kenya, pour un atelier d'orientation d'un mois. Il s'agissait en fait de tenter de recadrer la vision transmise aux ONTB sur la traduction de la Bible. Le thème du séminaire tournait autour de l'implication des chrétiens nationaux dans la traduction de la Bible. Plusieurs sous-thèmes étaient développés comme, les relations avec les églises et la mobilisation de ressources. A l'issue de cette formation, les participants étaient plus ou moins bien outillés pour initier et développer des partenariats avec les églises locales dans leurs pays respectifs. Mombassa marque un tournant dans la réalisation de la vision de la traduction de la Bible en Afrique, dans la mesure où l'engagement de l'Eglise locale était mis au centre du ministère de la traduction de la Bible en langues maternelles.

Chapitre 2

Dieu parle ma langue !

Le 24 juin 1991 restera une date mémorable dans l'histoire du Togo. C'est à cette date qu'a débuté à Lomé, au Palais des Congrès, la « Conférence Nationale Souveraine [1] » du Togo. Sans elle, le pays risquait de s'enfoncer dans le drame d'une guerre civile. Car sur le terrain c'était l'esprit de ressentiment, de vengeance et de haine tribale qui faisait la loi. A certains endroits du pays, policiers, gendarmes et douaniers étaient purement et simplement chassés de leurs postes par des milices appuyées par les populations locales. Ces milices se chargeaient elles-mêmes des contrôles sur les routes et brimaient tous ceux qui n'étaient pas du même groupe ethnique et linguistique qu'eux. La Conférence Nationale Souveraine va réunir, pendant plusieurs semaines, pratiquement les délégués de toutes les forces vives de la nation. Les uns après les autres, ils vont s'exprimer avec virulence à la tribune du Palais

---

1. La Conférence Nationale Souveraine est une sorte de table-ronde qui réunit toutes les forces vives de la nation pour chercher des solutions aux problèmes socio-politiques du pays. La première Conférence Nationale Souveraine fut initié par Me Robert Dossou en République du Bénin. Au Togo, les accords du 12 juin entre l'Opposition et le Pouvoir avait prévu pour le 24 juin l'ouverture de la Conférence Nationale Souveraine.

des Congrès (actuel Parlement), soit pour approuver, soit pour fustiger la politique menée dans le pays par le régime militaire pendant trois décennies. A l'issue des travaux, la Conférence Nationale Souveraine va définir les grandes orientations d'une nouvelle politique que les dirigeants du pays devraient mener désormais. Elle va aussi mettre en place les organes de la transition politique qui va conduire aux toutes premières élections démocratiques de l'histoire du pays.

Mais au plan spirituel, le 24 juin 1991 restera également une date mémorable du fait de l'arrivée ce jour au port autonome de Lomé, de 2000 copies du Nouveau Testament jamais traduit en langue bassar, n'tcham. C'est le tout premier Nouveau Testament traduit par SIL dans une langue togolaise. Alors le peuple Bassar peut enfin s'exclamer : Dieu parle ma langue ! Cela ne fait plus l'ombre d'aucun doute !

Douze mois s'étaient écoulés depuis que ce Nouveau Testament avait été mis en pages et envoyé à la presse en Corée du Sud. Durant toute une année, les églises de Bassar s'étaient concertées en vue d'organiser la dédicace du « Testament de Dieu » en bassar, et sa présentation à la population bénéficiaire Bassar. Cette cérémonie devait se tenir dans la ville de Bassar à 400 km environ de Lomé la capitale. Pour une manifestation de cette ampleur, il était prudent d'attendre qu'il y ait une accalmie du climat sociopolitique dans le pays. Les prières des croyants montaient de partout pour implorer l'intervention du Seigneur Dieu. Car personne n'ignorait le risque que pouvait constituer l'acheminement par voie terrestre des 2000 copies du Nouveau Testament, de Lomé à Bassar. L'organisation de la cérémonie de dédicace en toute sérénité était inimaginable dans la ville de Bassar, théâtre d'affrontements entre adversaires politiques. Le peuple Bassar au Togo et au Ghana voisin, devrait faire le déplacement pour cette fête du « Livre de Dieu » en langue n'tcham, symbole de l'émancipation du peuple. La lumière de la Parole de Dieu était enfin là, à portée de main. L'Etoile brillante du matin va infiltrer le peuple Bassar et ainsi chasser les ténèbres qui le couvrent.

Aucun chrétien Bassar ne voulait rater cette occasion unique. Dieu prend plaisir à voir son peuple, partout où il se trouve, répondre à son appel et participer à son œuvre. Mais il fallait attendre le moment favorable pour célébrer.

Cependant, l'arbre ne doit pas cacher la forêt. Le but ultime d'une traduction de la Bible dans une langue c'est de voir les Saintes Ecritures utilisées dans la vie quotidienne du peuple en vue de son salut en Christ. On ne saurait donc se satisfaire uniquement de célébrer un Nouveau Testament voire même une Bible entière dans une langue maternelle. Pour parvenir à ce résultat de transformation, il est indispensable que l'Eglise locale s'approprie très tôt le projet de la traduction et de la diffusion du produit fini. L'Eglise est l'instrument primaire de Dieu dans l'accomplissement de sa mission en tout lieu. A travers une implication appropriée de l'Eglise locale dans la réalisation d'une traduction de la Bible, Dieu crée les conditions favorables à la diffusion future de la lumière de sa Parole dans cette Eglise et dans la communauté locutrice.

La traduction du Testament de Dieu en langue bassar : Les débuts au Ghana

Tout a commencé en 1962. A l'époque, les premiers groupes de traducteurs Wycliffe arrivaient au Ghana. Dans ces groupes, se trouvaient deux jeunes femmes, Sonia Hine et Joycelen Clevenger. Les deux traductrices de la Bible choisirent de travailler parmi le peuple Bassar du Ghana, sur la langue n'tcham. Elles s'installèrent dans le village de Nkantchina dans la Volta Region où elles se mirent à apprendre la langue. Mais se sera pour une courte durée, puisqu'elles céderont leur place à deux autres jeunes traductrices tout aussi dévouées. Il s'agit de Mary Abbott et Monica Cox. Celles-ci décidèrent de s'installer dans un village différent appelé Lungi toujours au milieu des Bassar, au Ghana. Là, elles se mirent à leur tour à apprendre la langue n'tcham (bassar).

En 1962, les premiers chercheurs de SIL au Ghana travaillaient sous contrat avec « The Institute of African Studies of University of Ghana, Legon (IAS) [2]. L'IAS avait identifié huit langues, dont le « bassari/tobote » pour les chercheurs de SIL. Après avoir suivi deux stages de formation linguistique (équivalent à deux années d'études universitaires), les linguistes pouvaient commencer leurs recherches sur les langues. Ainsi, Sonia Hine fera la liste de mots puis rassemblera les noms en classes. En 1963 Mary Abbott travaillera sur une esquisse phonologique et grammaticale. Quant à Monica Cox, elle débute en 1964 une analyse tonale du bassari.

En novembre 1964, elles participent à un atelier de recherche linguistique sous la direction du Professeur Keneth L. Pike puis a un autre atelier d'élaboration de la phonologie sous la direction du Pr Pike et de Mme Pamela Bendor-Samuel. A l'issue de ces deux ateliers, une publication paraîtra dans la revue « Collected Field Notes » (ABBOTT et Monica COX 1966).

Cependant, les tous premiers travaux de description de la langue bassar ont été menés par Dietrich Westermann (WESTERMANN 1922). Il fit une liste de mots et un survol de la langue bassar. D'autres travaux sont menés par le Père André Prost (PROST 1963). Aujourd'hui plusieurs autres travaux de recherche ont été menés et d'autres sont en cours sur le n'tcham (GBLEM-POIDI et KANTCHOA 2012).

Installation au Togo

En 1967, Mary et Monica décidèrent de visiter le Togo, pays voisin du Ghana, où réside une forte communauté Bassar. Elles découvrent alors que c'est la terre d'origine même des

2. Institut des Etudes Africaines de l'Université du Ghana, Legon

Bassar. A la suite de circonstances particulières, elles furent accueillies officiellement par les autorités togolaises. Elles décidèrent alors de s'installer au Togo, dans la ville de Bassar, pour continuer le travail de recherche linguistique et de traduction de la Bible en langue n'tcham. L'installation de Mary et Monica au Togo aura pour conséquence, la signature d'un accord d'installation officielle d'une filiale de SIL au Togo en 1975.

Les deux traductrices vont alors bénéficier de l'assistance d'un pasteur locuteur natif Bassar, M. Wagbé Gbandi Claude. Mais peu de temps après leur installation, Mary Abbott va quitter l'équipe pour rejoindre le projet de traduction en langue Konkomba où elle travaillera avec une autre collègue, Mary Steele, au Ghana. Pendant ce temps, Monica Cox va poursuivre les recherches qui vont conduire à la publication en 1974 de « La phonologie du bassari » et à l'élaboration d'une esquisse de l'orthographe n'tcham après des années de recherche avec les collaborateurs qui sont : Daré Tchapo, Pasteur Wagbé Gbandi Claude et Nabine Labanté Samuel.

Fort heureusement pour le projet bassar, en 1969, une nouvelle traductrice, Mlle Sheila Crunden va rejoindre l'équipe à Bassar. Tour à tour, deux autres locuteurs natifs Bassar vont apporter leur contribution au projet. Il s'agit de Messieurs Kpambé Tchandikou et Daré Tchapo. A ce moment, le pasteur Wagbé Claude cède sa place à M. Nabine Labanté Samuel, couturier de profession. Celui-ci va travailler dans le projet de traduction à temps partiel à partir de 1969.

Du GBU à la Traduction de la Bible

En 1978, un couple traducteur de Wycliffe Suisse, M. Mme Paul et Inge Meier, débarquèrent au Togo suite à l'expulsion du personnel de SIL au Nigéria. Ce couple était arrivé au Togo comme Administrateur de SIL et promoteur de la traduction de la Bible. L'amère expérience de son expulsion du Nigeria avait produit un éveil d'esprit chez le couple Meier sur la nécessité de partager la vision de la traduction de la Bible avec les intellectuels chrétiens Africains. C'est ainsi que, dans une réunion du Groupe Biblique Universitaire (GBU) à laquelle je prenais part en tant que Secrétaire Général du GBU de Lomé, le couple Meier a fait une communication sur la traduction de la Bible. C'était pour moi la première exposition à la vision de la traduction des Saintes Ecritures en langues maternelles. A l'issue de cette rencontre, et après réflexion, j'ai compris que Dieu m'appelait au ministère de la traduction de la Bible dans ma langue. Je n'ai donc pas pu résister à l'appel de Dieu. A partir de 1978, j'ai fait équipe avec le couple pionnier de SIL Togo-Bénin, Paul et Inge Meier, pour parcourir le Togo et le Bénin dans le compte de SIL et en particulier pour le projet de traduction du Nouveau Testament en bassar.

Des obstacles à surmonter pour traduire la Bible

Jusque là les recherches linguistiques entreprises sur le bassar ou n'tcham, avaient abouti à la publication des premiers éléments de la phonologie de la langue n'tcham. Des contes étaient collectés et quelques portions des Saintes Ecritures traduites. Ainsi une partie du Nouveau Testament était traduit en n'tcham. Le besoin se situait au niveau de la saisie de la traduction, la révision de cette traduction et le test du style de cette traduction auprès des locuteurs, de même que la traduction du reste du Nouveau Testament. Mais des obstacles se dressaient sur la voie du projet à ne plus en finir. Monica Cox devait rentrer chez elle en Angleterre pour des raisons de santé entre autres. Samuel Nabine avait déjà quitté le projet pour un stage de perfectionnement dans la haute couture à Lomé la capitale du Togo. Sheila Crunden était restée seule sans équipier. Une réorganisation du travail était indispensable. Dans un premier temps il fallait que Samuel Nabine revienne sur sa décision. Ensuite, l'équipe avait besoin d'une nouvelle recrue, notamment le pasteur Nabine Gnon Barthélémie pour la renforcer. Au début de 1979, les obstacles étaient enfin levés. Une nouvelle équipe composée de quatre membres : Sheila Crunden, Nabine Labanté Samuel, Pasteur Nabine Gnon Barthélémie et moi-même, se remettait à la tâche.

En été de la même année, l'équipe va suivre une formation sur les principes de traduction et d'alphabétisation, à Yamoussokro en Côte-d'Ivoire et à Ouagadougou au Burkina Faso, avant de se remettre de nouveau au travail.

Au printemps 1981, la première ébauche de traduction du Nouveau Testament en langue n'tcham était achevée, de même que le syllabaire sur lequel Sheila, Tchandikou et Tchapo avaient travaillé d'arrache-pied. Revenue d'Angleterre entre temps, au début de 1981, Monica Cox va repartir un an après pour de bon.

L'étape du test de la traduction

La lumière du Nouveau Testament dûment traduit en bassar ne devait pas être mise sous le boisseau, mais portée sur le chandelier pour éclairer le peuple tout entier. L'étape du test de la traduction pour éprouver le style auprès de la population locutrice n'tcham en offrait l'opportunité. Le test de la traduction devait se dérouler sur une période d'une année entre 1981 et 1982. Plusieurs jeunes chrétiens locuteurs natifs vont être mis à contribution sous notre supervision. Après les avoir formés sur les principes de traduction et de révision de la traduction biblique, nous leur avions transmis les méthodes suivant lesquelles l'on pouvait éprouver le style et les qualités d'une bonne traduction biblique auprès de la population bénéficiaire, avant de produire une version finale.

Ces testeurs de la traduction partaient chaque jour à vélo dans des localités du pays Bassar, distant parfois de 35 km de la ville de Bassar, pour lire la traduction bassar du Nouveau Testament aux populations regroupées dans les vestibules des chefs des villages.

Cette étape du test de la traduction en bassar nous rappelle la stratégie utilisée par John Wycliffe et son équipe au 14e siècle en Angleterre. Lorsqu'ils achevèrent la traduction de la Bible dans leur langue maternelle l'anglais, les collaborateurs de John Wycliffe parcoururent les contrées et villages de leur pays, pour lire leur traduction de la Bible en anglais à l'homme de la rue, dans sa langue maternelle. Ceux-ci étaient des prédicateurs évangélistes que l'on appelait « lollards » en anglais, « loll » en français, qui veut dire 's'étaler, se prélasser, se pencher, pendre la langue'. C'était un nom péjoratif, parce que les 'lollards' allaient partout et parlaient beaucoup de l'Evangile de Jésus-Christ en anglais courant. Certains les appellent les 'disciples de Wycliffe'.

L'effet induit sur l'Eglise et sur la population assoiffée d'entendre les vérités bibliques était immédiat. Tandis que le simple peuple rendait gloire à Dieu pour la lumière de la Parole qu'il entendait lire dans la langue de son cœur, le clergé lui cherchait les voies et moyens pour mettre fin au ministère de John Wycliffe et ses collaborateurs. Le clergé était plus préoccupé par la protection du « Livre sacré » dont seuls les initiés détenaient le secret.

L'histoire raconte que le clergé a conspiré une persécution féroce jusqu'à la mort contre ces précurseurs de la Réforme de l'Eglise. La fin de John Wycliffe est des plus dramatiques. Même après sa mort et son enterrement, la persécution de John Wycliffe ne s'est pas arrêtée. Ses détracteurs ont déterré ses os qu'ils ont brûlés et répandus les cendres dans la rivière Swift en Angleterre. Cette rivière, à son tour, a acheminé les cendres dans l'océan Atlantique. La fin tragique de John Wycliffe qui servait la cause de la traduction de la Bible dans sa langue maternelle, témoigne de la taille de l'enjeu de la mission de traduction de Wycliffe pour l'Eglise. Aujourd'hui la traduction de la Bible dans les langues maternelles a atteint tous les continents et poursuit sa route vers toutes les langues encore dans le besoin d'une Bible. Parce que le Testament de Dieu est destiné à tous les peuples de toutes langues.

Au début de l'année 1982, la traduction du Nouveau Testament en langue n'tcham, était vérifiée et testée en totalité auprès de la population dans plusieurs villages. Elle était passée au peigne fin par sept conseillers en traduction qui ont vérifié la qualité de la traduction par rapport au message original grec. Parmi ces conseillers il y a ceux de SIL : Katy Barnwell, Mary Steele, Ellis Deibler, Ron Stanford, puis ceux de l'Alliance Biblique Universelle : Jake Loewen, Gilbert Ansre, Roger Omanson.

Les textes ainsi vérifiés sont laissés à l'appréciation des églises locales de Bassar pour une période d'épreuve avant la publication.

Il y a un temps pour toute chose

Au cours de la période de lecture de la traduction dans les églises les dimanches et les jours de réunion de la semaine, chaque membre de notre équipe de traduction a pris un temps de repos.

Le Pasteur Nabine Gnon Barthélémie lui est retourné à son ministère pastoral dans l'Eglise locale des Assemblées de Dieu de Bassar.

Mlle Sheila Crunden elle a pris son congé sabbatique et est retournée chez elle en Grande Bretagne. Elle consacrera une bonne partie de son temps à ses études sur la prééminence dans le discours en langue n'tcham à Londres. A l'issue de ses études, Sheila va revenir au Togo pour servir comme conseillère en traduction, en soutien aux autres équipes de traduction dans leur tâche. Deux ans après sa prise de fonction dans son nouveau rôle, Sheila retournera en Angleterre pour s'occuper de sa mère en âge avancé.

Le rôle déterminant de l'église locale

Pendant la même période de pause, il s'est passé un heureux événement dans notre vie. Honorine et moi nous sommes unis dans le mariage à l'Eglise du Temple du Calvaire à Lomé. Honorine venait de sortir fraîchement d'une formation à l'Ecole Biblique au Nigéria. Notre jeune couple décida de répondre à l'appel de Dieu à le servir à plein temps dans sa mission. Au départ, nous pensions à nous engager avec les GBU où nous étions pionniers de l'œuvre avec un groupe d'étudiants chrétiens sur le campus de Lomé dont, Granga Daouya, Sadzo Hetsu, Théophile Lawson, Songnaba Arseine, Bazié Souka, Esther Oudraogo et bien d'autres à l'Université du Bénin (aujourd'hui Université de Lomé). Mais la traduction de la Bible était la mission à laquelle Dieu nous appelait par grâce, puisque nous y étions déjà impliqués. Pour cela nous partîmes pour être formés en linguistique et en traduction dans les cours dénommés CIL en France suivi du « Field Methods Course » au Royaume Uni, en été 1982 et 1983, et plus tard à la Sorbonne Nouvelle en France ; puis en Irlande du Nord, pour des études théologiques à « Irish Baptist Bible College » de Belfast en 1984.

En 1984, notre Eglise locale, A/D Lomé II, avait compris que le Seigneur nous mettait à part pour l'œuvre de la traduction de la Bible à laquelle il nous a appelés avec Wycliffe en France. Pour cela, il fallait que l'Eglise locale assume sa responsabilité vis-à-vis de ses missionnaires que nous sommes désormais. En effet, selon le livre des Actes des Apôtres 13 : 1-3, les rôles sont répartis dans la Mission de Dieu : le Saint-Esprit met à part ceux qu'il a choisi dans l'Eglise locale, et l'Eglise locale en prend acte, recommande les appelés à la grâce de Dieu pour l'œuvre, prie pour eux et y met la main pour les soutenir. Trois actions concrètes étaient donc attendues de notre Eglise locale : prier régulièrement pour nous, donner mensuellement notre soutien financier qui s'élevait à 25 000F CFA soit 500 F français à l'époque, et nous accompagner par des soins pastoraux dans la mission. La vision missionnaire du pasteur de notre église locale, le Révérend Tossou Têtêvi, était pour nous un atout de taille. Car il fallait vivre par la foi sur des dons. Nous savions que nous nous engagions sur un chemin incertain, du moins en ce qui concerne notre soutien mensuel. Mais l'Eglise locale l'a assumé pleinement. Le Seigneur nous a montré sa fidélité depuis 32 ans de ministère dans la traduction de la Bible avec Wycliffe et SIL. Jamais nous n'avons manqué de quelque chose. Le bon Berger de nos âmes a pourvu à tous nos besoins, même quand parfois nous avons passé par des temps de disette. Le Seigneur a pourvu à notre soutien par la participation des églises, notamment le Temple du Calvaire des A/D Togo et l'Eglise de la Rencontre du Pasteur John Leese, de même que des amis personnels et notre famille. En effet nous avons pu compter sur le soutien de nos parents qui ont prié chaque matin au réveil en famille pour nous.

A l'époque, les membres de Wycliffe n'étaient pas autorisés à parler ouvertement de leurs besoins financiers aux églises. Il fallait tout simplement faire une bonne présentation du ministère dans les églises partenaires, que ce soit en Afrique ou en Europe, de même qu'auprès des amis personnels et laisser le Saint-Esprit toucher leur cœur pour qu'ils s'engagent à nous soutenir financièrement. La philosophie du développement de partenariats était que ceux qui sont envoyés aussi bien que ceux qui les envoient et les soutiennent devaient tous recevoir personnellement un appel de Dieu et s'engager à lui obéir volontairement. Car Dieu aime tous ceux qui donnent et se donnent avec libéralité. Jésus rassure ses disciples dans ce sens lorsqu'il dit : « En vérité, je vous le déclare, personne n'aura laissé maison, frères, sœurs, mère, père, enfants ou champs à cause de moi et à cause de l'Evangile, sans recevoir au centuple maintenant, en ce temps-ci, maisons, frères, sœurs, mères, enfants et champs, avec des persécutions, et dans le monde à venir la vie éternelle » (Marc 10 :29-30).

Le Seigneur veille sur sa parole pour l'accomplir. J'en veux pour preuve la belle histoire de Madame Nenette Jehin, la veuve d'un pasteur Belge que Dieu avait mis sur notre chemin. Cette rencontre a permis à Madame Jehin de concrétiser l'appel de Dieu sur sa vie d'aller sur un champ de mission en Afrique. Elle concrétisa cet appel à Bassar et Kara avec SIL Togo-Bénin. Madame Jehin sera surnommée la « Maman de Napo » dans toute la ville de Bassar. C'était en effet ma Maman adoptive. Quand en 1982, nous rencontrions Madame Jehin à Nîmes en France, nous n'imaginions pas un seul instant que c'était pour confirmer cette parole de Jésus dans notre vie et dans la sienne.

Cette approche du développement des partenariats a changé de nos jours dans Wycliffe. Mais tous ceux qui se confient en l'Eternel ne sont jamais déçus. Car le Seigneur honore ceux qui lui font confiance et il manifeste envers eux sa générosité.

Apprendre à lire à mon peuple

Un autre membre de notre équipe de traduction bassar, Samuel Nabine en collaboration avec les jeunes de l'Eglise locale : Jonas Poidi, Nikabou Waké, Daré Napo, Tiyadja Faré, s'est lancé dans la promotion de l'alphabétisation. Car jusque là, seule une poignée de Bassar avaient appris à lire et écrire leur langue. La perspective de la publication prochaine du Nouveau Testament ouvrait la voie à un intérêt grandissant parmi la population chrétienne à apprendre à lire et écrire sa langue. De plus, le test de la traduction auprès de la population villageoise avait allumé la flamme de l'intérêt pour les histoires contenues dans le Nouveau Testament en n'tcham dans les villages.

La campagne d'alphabétisation commencée en 1982 va connaitre un grand succès dix années après. Le champ d'action de cette campagne s'était étendu jusqu'au Ghana voisin, où résident une forte communauté Bassar. Neuf zones d'alphabétisation étaient identifiées avec à leur tête un superviseur par zone et des facilitateurs. Sept zones se trouvaient au Togo et deux zones au Ghana. Au Togo, les zones étaient, Bassar, Kabou, Bangéli, Binadjoubé, Dimori, Kalanga, Tindjassi. Au Ghana, on avait la zone de Kpassa et celle de Kpandaï dans la Région de la Volta.

Les retombées de la traduction et l'alphabétisation

Les retombées de la traduction et l'alphabétisation en n'tcham sont multiples. Il s'agit entre autres de la création d'une ferme agricole, la construction d'un barrage pour l'approvisionnement en eau potable et pour le maraîchage dans le village de Baghan situé à environ 25 km au sud de la ville de Bassar.

Mais la plus spectaculaire de toutes ces retombées de la traduction de la Bible c'est la naissance d'un ministère Braille pour les aveugles qui étaient en fait les « pauvres des pauvres ». Car les Saintes Ecritures traduites en n'tcham ne seront accessibles qu'à la population voyante. Les non voyants sont des laissés pour compte marginalisés dans la société. Ils sont pour la plupart devenus aveugles par l'effet de la maladie appelée onchocercose qui affecte la rétine. Au Togo, la région de Baghan est classée zone d'onchocercose, parce que traversée par une rivière, la Kama, qui, à cet endroit, est infestée par onchocera volvulus, le vecteur de cette maladie de la cécité. Un centre des aveugles dénommé « Centre Bethesda » sera construit en 1989 grâce au partenariat avec World Vision International (La Vision Mondiale Internationale). Ce projet est venu à terme grâce à l'investissement personnel de Paul et Inge Meier de Wycliffe Suisse.

Le Centre Bethesda

La traduction du Nouveau Testament fut achevée en n't-cham en 1982. A cette date la campagne de sensibilisation en vue de créer des classes d'alphabétisation dans la région de Bassar est lancée. Au cours de cette campagne de sensibilisation et d'ouverture de classes d'alphabétisation dans les villages de ladite région, l'équipe a été confrontée à la grande misère des personnes handicapées visuelles. Misérables et presque oubliées par les leurs, ils étaient incapables d'apprendre à lire et à écrire dans leur langue maternelle n'tcham. Ils vivaient aux dépens des autres en toutes choses. Que faire alors pour eux? La première pensée a été de créer un cadre pour eux aussi, afin qu'ils puissent avoir accès aux Saintes Ecritures traduites dans leur langue. Mais pour y arriver, il va falloir d'abord connaître l'écriture braille des aveugles. Même si on y arrivait, les besoins des aveugles ne seraient pas totalement pourvus. Leur autre besoin d'autonomie au sein de la société ne serait toujours pas atteint.

Bien que Samuel Nabine et ses collaborateurs fussent déterminés à se sacrifier pour amener ces déshérités à retrouver leur place dans la société, les exigences d'un tel projet faisaient défaut. Non seulement ils manquaient de connaissance en matière du braille, mais aussi de ressources pour lancer et soutenir un tel projet. Néanmoins, ils décidèrent de soumettre le problème à l'Eglise locale qui à leur surprise l'a pris à cœur et s'est mise à prier le Seigneur et à chercher des moyens pour venir en aide aux démunis aveugles.

Un jour, l'équipe reçoit la visite de M. et Mme Paul et Inge Meier à Bassar. Au cours des échanges, le besoin des aveugles leur fut exposé. Ces derniers avouèrent alors ce qu'ils avaient depuis longtemps à cœur de faire pour venir en aide aux non voyants au Togo, dans le domaine de l'alphabétisation. M. Paul Meier avait déjà fait des démarches auprès de certaines autorités religieuses au sujet de la population aveugle. Il voyait maintenant que cette vision pour les aveugles venait de Dieu. Il fallait donc passer à l'action pour offrir un cadre d'alphabétisation en écriture braille aux aveugles. Un tel cadre de formation devrait être implanté dans la ville de Bassar. Ensemble ils mirent leur confiance en Dieu pour l'accomplissement de cette vision. Déjà l'équipe d'alphabétisation avait expérimenté les provisions du Seigneur dans leur campagne. De nombreuses classent étaient ouvertes et plusieurs apprenants faisaient des progrès dans l'apprentissage de leur langue.

Parallèlement à la campagne d'alphabétisation, l'équipe entreprend un recensement des aveugles dans toute la région. Sur environ 50 000 habitants, ils ont recensé 500 aveugles. L'Eglise locale, sous l'impulsion du Pasteur Gnon Barthélémie et son comité, ne s'est pas dérobée à sa responsabilité. Elle commença à collecter des dons auprès des membres pour subvenir aux besoins des aveugles dans ces zones touchées par la maladie de l'onchocercose.

La générosité appelle la générosité

Dès son retour à Lomé, M. Paul Meier fait appel à un couple Suisse qui est venu jusqu'à Bassar pour visiter les lieux afin de vérifier les faits dans les villages les plus touchés par la maladie de la cécité crépusculaire. Le couple, Fritz et Edith Meier, après avoir bouclé la visite dans les villages, fut profondément ému devant la misère des aveugles. Il laissa avant de repartir une promesse de soutien pouvant permettre de démarrer le projet braille à Bassar. Pour réaliser sa promesse, le couple visiteur dès son retour, vendit sa maison et versa une partie de la vente au projet braille à Bassar en vue de l'achat d'équipement nécessaire. Peu de temps après, le projet pu ouvrir un bureau bien équipé pour le braille.

Un spécialiste du braille, M. Richard Steele, lui-même aveugle, ayant appris le démarrage du projet braille à Bassar répondit promptement à l'appel de M. Paul Meier. Il quitta l'Amérique et vint s'installer à Bassar pendant deux semaines pour donner une formation à l'équipe des encadreurs sur l'écriture braille conçue en langue bassar. M. Steele deviendra plus tard le coordinateur chargé des relations extérieures entre le jeune Centre Bethesda des aveugles et les partenaires. Il était assisté dans sa tâche par Lois Wilson une missionnaire de SIL.

Le 11 mai 1985, le Centre Bethesda vit officiellement le jour dans une petite maison de 4 pièces. Les cours d'apprentissage du braille ont débutés dans une classe pilote avec six apprenants aveugles venus des villages les plus touchés. Cette classe pilote était entièrement prise en charge par les membres de l'église locale. Bravant leurs propres besoins, les membres de l'église locale envoyaient régulièrement des dons en nature sous forme de vivres, notamment, l'igname, le mil, le maïs, la patate douce, puis des vêtements et bien d'autres choses encore. Ils envoyèrent de temps à autre de l'argent collecté dans les paroisses. Le pasteur de l'Eglise locale et ses diacres passaient à tour de rôle au Centre Bethesda pour donner des messages d'encouragement aux aveugles et pour les fortifier. M. Nabine Samuel, maître couturier de profession avait mis la main dans ses économies pour le projet. Son épouse soutenait leur famille de sept enfants grâce à un petit commerce. Elle était devenue la cuisinière de la classe pilote des apprenants du braille.

C'est ainsi que Nabine Samuel aidé dans sa tâche par Poidi Jonas son adjoint, se lancèrent corps et âme dans l'œuvre sans aucune contrepartie pendant environ deux années. Les aveugles apprenants du projet pilote avaient aussi besoin de soins de santé. Fort heureusement, SIL Togo-Bénin s'était offerte pour prendre en charge les frais des médicaments et autre matériel nécessaire au bien-être de la classe pilote.

Un nouveau bâtiment pour le Centre Bethesda

C'est au cours de cette phase de démarrage que le jeune Centre Bethesda va faire la connaissance de la Vision Mondiale Internationale, par les contacts que j'avais personnellement eus avec cette institution. Le 10 novembre 1985, la Vision Mondiale Internationale effectua une visite au Togo pour voir de près le projet braille.

A l'issue de cette visite, la Vision Mondiale Internationale accepte de financer la construction d'un nouveau bâtiment pour le Centre Bethesda et de prendre en charge les frais de son fonctionnement pour une période de cinq ans. Il était attendu qu'au bout de ces cinq années, que le Centre Bethesda développerait ses propres ressources pour assurer sa pérennité. La Vision Mondiale Internationale prenait en charge les volets, alphabétisation en braille, construction du nouveau bâtiment du Centre Bethesda, payement des gratifications du personnel du Centre, achat de médicaments et de vivres pour les apprenants, achat du matériel de bureau et les voyages dans le cadre des activités du Centre Bethesda. Les autres partenaires du projet braille, SIL Togo-Bénin et CBM (Christoffel Blinden Mission), devaient aussi apporter leur soutien technique et financier pour la gestion du Centre, la formation et la réalisation de projets générateurs de revenus en faveur du Centre. Un comité de supervision des affaires du Centre Bethesda composé de délégués des églises locales est mis en place. Deux membres du personnel du Centre Bethesda, Jonas

Poidi et Daré Napo ont reçu une formation dans les domaines de la mobilité des aveugles et de la gestion d'une ferme agricole.

Le développement de l'agriculture et l'élevage pour des personnes aveugles

Jusqu'ici les activités du Centre Bethesda étaient centrées sur l'alphabétisation et la réhabilitation des aveugles. Ils étaient tous adultes, hommes et femmes. Mais les capacités d'accueil du Centre étaient limitées pour héberger tous les apprenants des deux sexes. Seuls les hommes étaient acceptés, pas les femmes. Cela constituait le premier défi à relever. Le second défi, c'était que beaucoup parmi ces aveugles étaient d'un certain âge et ne pouvaient plus maîtriser le braille. Alors, à leur arrivée au Centre Bethesda ils devaient passer un test d'aptitude et ceux qui avaient des doigts sensibles aux petits points saillants de l'écriture braille pouvaient suivre une formation en alphabétisation pendant deux ans. Quant aux autres, ils étaient orientés vers l'agriculture, l'élevage et l'apprentissage de la mobilité, après quoi ils retournaient chez eux. Là un moniteur du Centre les suivait pour les aider à assoir un petit projet d'élevage de menus bétail, de volaille et une petite exploitation champêtre. Cette approche s'était révélée productive, car la plupart des apprenants étaient cultivateurs avant de tomber dans la cécité crépusculaire. La formation prenait à peine un mois. Cependant, chaque année, les apprenants devaient revenir pour une mise à niveau de deux à quatre semaines au plus au Centre Bethesda.

Après trois années de vie, le Centre Bethesda avait formé une vingtaine d'aveugles adultes. Ce chiffre va presque tripler après cinq années d'existence du Centre. Chaque apprenant avait passé deux années sous la supervision et le suivi du Centre. Quatre apprenants du braille étaient sélectionnés pour commencer une classe pilote en braille français. Cette initiative ouvrait naturellement une plus grande opportunité d'accès aux nouveaux savoirs transcrits en braille français.

En 1989, le Centre Bethesda a ouvert sa première ferme pilote agricole et d'élevage de moutons. Les fonds venaient de l'Ambassade des Etats-Unis d'Amérique au Togo qui était attirée par les résultats enregistrés par le Centre Bethesda de Bassar. L'objectif de la ferme agricole était double, assurer des revenus pour la gestion du Centre Bethesda, ensuite offrir aux aveugles des bêtes pour leur permettre de commencer chacun un petit projet d'élevage, une fois de retour chez eux. La ferme couvrait une superficie de six hectares cultivables. Trois hectares était mis en exploitation la première année. Les revenus générés par la ferme permettaient au Centre Bethesda de boucler son budget en quelques années. Cinquante six aveugles (56) en dehors de ceux qui sont admis au Centre recevaient de l'aide grâce à cette ferme agricole. En plus ils étaient tous formés en agriculture et élevage de moutons et de chèvres. Le Centre leur remettait deux moutons et de la volaille à la fin de leur formation. Pour certains aveugles totalement démunis, un logement leur était construit dans leur village de façon à faciliter leur intégration dans la société. La formation à la mobilité leur permettait de se déplacer seul à l'aide d'une canne blanche. Le Centre Bethesda avait même aménagé un terrain de jeux pour le volleyball et le football pour personnes handicapées visuelles.

A quelques pas de la ferme, se trouve un barrage gracieusement offert à la population victime de la maladie de la cécité crépusculaire dans la même région de Baghan à 25 km de la ville de Bassar. Ce barrage approvisionne à ce jour la population en eau potable et permet de faire du jardinage des légumes et autres produits. Le barrage a complètement changé la vie de la population. Grâce au partenariat avec JAARS, une équipe conduite par M. Mike Reece a effectué deux séjours à Bassar pour la réalisation de l'ouvrage [3].

Des vies transformées

Le Centre Bethesda des aveugles était ouvert à tous sans distinction de religion. Cependant, des moments d'études bibliques et de prière non obligatoires étaient régulièrement organisés en faveur de tous les apprenants aveugles. L'ambiance qui régnait favorisait à chaque fois la participation de tous les apprenants. Pendant les cinq premières années d'existence du Centre un seul apprenant aveugle avait décliné l'appel à accepter Jésus-Christ comme son Seigneur et Sauveur. Tous ceux qui sont passés au Centre Bethesda ont reçu Jésus et ont été baptisés. Ils sont tous repartis comme de véritables témoins de Christ dans leurs villages respectifs.

La traduction de la Bible au cœur du développement d'un peuple

La traduction de la Bible est au cœur du développement d'un groupe ethnique et linguistique. La raison est simple. La traduction pose le socle sur lequel repose les trois piliers de la vie de tout peuple à savoir, spirituel, intellectuel et physique.

Le tout premier pilier est d'ordre spirituel, c'est le pilier de la religion. Contre ce pilier s'appuie la vie spirituelle, morale et psychologique d'un peuple. C'est le fondement des

---

3. JAARS Inc. est un organisme à but non-lucratif qui aide Wycliffe Alliance Mondiale, SIL Internationale, et d'autres organismes dans leur travail de traduction de la Bible. JAARS les soutient d'une façon pratique, surtout en aviation, en transport terrestre et aquatique, en informatique, et par les médias.

valeurs qui régissent la conception de la vision du monde du peuple en question, sa relation avec soi, avec Dieu, avec autrui, avec le reste de la société, avec l'ensemble du cosmos. C'est la source du savoir être, avec soi, avec autrui, avec le cosmos, avec Dieu. En d'autres termes, c'est le pilier de la sagesse basée soit sur les croyances ancestrales ou soit sur les vérités bibliques.

Le deuxième pilier est d'ordre intellectuel, c'est celui de la raison. Contre ce pilier s'appui l'intelligence qui permet de se comprendre, de comprendre l'autre, la société, son environnement, et l'univers. Il fourni à l'être humain, la connaissance ou le savoir faire. Ce savoir faire est la source de la science et de la technologie qui permet à l'homme de maîtriser tous les facteurs favorables à la vie humaine.

Le troisième pilier, c'est les ressources humaines : la force physique de défense extérieure mais aussi de la stabilité au sein d'un groupe ethnique et linguistique. Cette force a besoin de formation au cours de laquelle les compétences sont transmises au travers de la langue écrite. La Bible nous enseigne dans le livre de Daniel que Dieu lui-même en a une. L'Archange Michel est en somme le chef d'état major général des Armées de l'Eternel. Dans le livre des Nombres l'histoire de Balaam et de Josué en disent long. Jésus dit dans l'Evangile que son Père dispose de légion d'anges prêts pour le combat. Il dit à Pierre au moment de son arrestation dans le jardin de Gethsémané, « Penses-tu que je ne puisse pas invoquer mon Père qui me donnerait à l'instant plus de douze légions d'anges ? Comment donc s'accompliraient les Écritures, d'après lesquelles il doit en être ainsi ? » (Mathieu 26 : 53-54).

Les gréco-romains disaient souvent, « une âme saine dans un corps sain ». Le maintien d'un corps saint pour sa propre sécurité et celle de la communauté, nécessite une éducation qui passe par l'utilisation de la langue. Ainsi l'ordre et la défense des remparts physiques de la cité, reposent sur ce pilier.

La ruine d'une civilisation est progressive. Elle commence par les remparts spirituels et moraux, se poursuit dans les remparts intellectuels et s'achève par la détérioration des relations humaines symbolisée par les troubles sociaux et les destructions. Toutes les civilisations antiques ont disparu de cette façon.

De la même manière, l'épanouissement ou la restauration des peuples d'Afrique suit le même schéma. Elle commence par le réveil spirituel et moral au sein des groupes ethniques et linguistiques, se poursuit par les innovations scientifiques et technologiques et s'achèvent par le rétablissement de la stabilité intérieure et de la défense extérieure.

Le cas de la restauration du peuple d'Israël au temps de Néhémie en est un exemple concret. D'abord l'information nécessaire est apportée à Néhémie. Ceci a produit un éveil de conscience chez lui. Il découvre l'ampleur de la ruine de Jérusalem et de l'opprobre dans lequel se trouve son peuple.

L'action menée par Néhémie consistera d'abord à rétablir les relations entre le peuple et son Dieu. Mais ceci passera nécessairement par le rétablissement ou mieux, la guérison des relations humaines au sein du peuple lui-même. Car pour Néhémie, traiter mal son frère, c'est pécher contre Dieu (Néhémie 5). Il s'était engagé premièrement à élever le pilier de la réconciliation qui est encore celui des relations spirituelles avec Dieu mais aussi avec autrui. Pour entretenir l'ambiance il fit recours à Esdras pour enseigner les valeurs bibliques, non pas dans une langue étrangère au peuple, mais en hébreu contemporain. Car l'exil loin de la Terre Sainte avait pour conséquence l'oubli de la langue biblique. C'est ce qui va donner naissance au ministère de la traduction de la Bible.

En second lieu, Néhémie fait recours aux hommes qui avaient le génie du savoir faire, le génie civil pour la restauration, c'est le pilier intellectuel.

Enfin il organise la défense contre les ennemis intérieurs et extérieurs. Les bâtisseurs devinrent aussi des combattants

La traduction et le développement

et des guetteurs. Il organise la police, une force physique pour les protéger.

Le récit de la création de l'homme révèle que le premier acte que Dieu posa après avoir formé l'homme, fut l'acte de sa Parole adressé à cet homme, Adam et Eve, pour lui dire, voici la création, exploite, cultive et jouis-en. « Dieu les bénit et Dieu leur dit : Soyez féconds, multipliez-vous, remplissez la terre et soumettez-la. Dominez sur les poissons de la mer, sur les oiseaux du ciel et sur tout animal qui rampe sur la terre » (Genèse 1 : 28).

La traduction de la Parole de Dieu, la Bible en langues locales, apporte donc en tout premier lieu, de la matière pour l'éducation spirituelle, morale et artistique à l'homme. Elle donne ensuite les supports à l'éducation intellectuelle et technologique, c'est-à-dire toutes les sciences et les techniques qui servent à l'application pratique par laquelle l'homme comprend, maîtrise, organise et exploite son environnement et les ressources vitales qui lui sont nécessaires.

De ce fait, le ministère de la traduction de la Bible ne se limite pas à la seule action de traduire le « Livre » dans une langue, mais elle va au-delà. Car la langue est le sous-bassement sur lequel reposent les piliers de la vie d'un peuple. Par la langue maternelle tous les savoirs qui guident nos modes de vie sont transmis au cœur de l'homme de génération en génération, selon l'expression de Nelson Mandela « Quand vous parlez à quelqu'un dans une langue qu'il comprend, cela va dans sa tête. Quand vous lui parlez dans sa langue maternelle, cela va dans son cœur ».

La traduction de la Bible est la voie de la solution pour notre monde en crise systémique aujourd'hui. Elle pose les fondements appropriés pour une redécouverte éclairée des grandes valeurs universelles que sont : la vérité, la justice, le respect, la liberté, l'amour, le pardon, au sein de chaque communauté humaine sur la terre. La Parole de Dieu traduite dans la langue d'une communauté, ouvre devant celle-ci la voie royale de sortie de la spirale de la peur du lendemain, de la convoitise et de la démesure. Elle conduit l'homme à la sagesse qui consiste en une éthique de liberté et de responsabilité qui passe par la conversion de chaque être, selon cette parole de Jésus le Fils de Dieu :

> « Si donc le Fils vous libère, vous serez réellement libres » (Jean 8 :36).

Chapitre 3

Le mouvement de la traduction de la Bible au Togo

Le parcours de notre couple allait nous conduire sur la voie de la mission de la traduction de la Bible à plein temps. En été 1984, nous sommes acceptés comme membres traducteurs de la Bible dans l'Association Wycliffe France. De là, nous sommes retournés au Togo comme membres de SIL Togo-Bénin, pour mener à terme le projet de traduction du Nouveau Testament en bassar. Mais, nous brûlions de désir de pouvoir partager la vision de la traduction de la Bible avec les églises au Togo. Pour cela, nous allions consacrer toute l'année 1985 pour atteindre ces deux objectifs.

Notre stratégie de partage de la vision consistait à établir des contacts personnels avec les leaders, créer la confiance et développer des relations avec les églises locales qu'ils dirigent. Ainsi, nous avions réussi à obtenir du Modérateur de l'Eglise

Evangélique Presbytérienne du Togo, le Révérend Eli Kofi Ayivi et du Président des Assemblées de Dieu du Togo, le Révérend Mitré Djakouti, des lettres d'autorisation pour effectuer des visites dans toutes les Eglises du Conseil Chrétien du Togo. (Figure 3.1 page ci-contre.)

Les visites dans les églises commencèrent à Lomé et se poursuivirent vers l'intérieur du pays, en allant d'une ville à une autre, suivant le programme établi, pour couvrir enfin tout le territoire. Chaque dimanche nous étions dans une paroisse pour parler de la nécessité de traduire la Bible dans nos langues. Grâce au talent d'interprète de M. Liberty Aziadekey, un ami d'Université, notre message était traduit du français en éwé pour les églises au sud du pays. Dans la partie septentrionale du pays, chaque paroisse choisissait son interprète. C'était ainsi, jusqu'à Dapaong la dernière grande ville du Togo.

Cette première descente dans les églises pour faire connaitre la traduction de la Bible dans les langues locales visait à éveiller l'esprit de l'ensemble du Corps de Christ au Togo sur ce ministère vitale pour l'Eglise. L'effet positif a été immédiatement ressenti par les équipes de SIL sur le terrain dans les projets de traduction qui étaient déjà en cours à l'époque. Mais la vraie satisfaction était surtout la réaction positive des églises au Togo vis-à-vis du ministère de la traduction de la Bible dans nos langues.

La suite et la fin de la traduction du Nouveau Testament bassar

En 1986, parut l'édition préliminaire du Nouveau Testament Bassar. La tâche qui restait à faire dans le projet bassar consistait d'abord à reconstituer l'équipe du projet avec les anciens membres, M. Nabine Samuel, Pasteur Gnon en plus de moi-même, pour la révision de l'édition préliminaire soumise

FIG. 3.1 – Lettres d'autorisation par le Conseil Chrétien du Togo

EGLISE EVANGELIQUE DU TOGO

SECRÉTARIAT SYNODAL
LE MODERATEUR
1, Rue Maréchal Foch
B. P. 2 Lomé, Togo
Tél. 21-46-69

Lomé, le 7 Décembre 1984.

Aux
Pasteurs Responsables des Eglises
Protestantes du Conseil Chrétien au
Togo

N° 676 /SS/12/84.

Chers frères et Collègues,

Dans le cadre du souci permanent des Eglises Protestantes au Togo de donner la possibilité à tous de lire et de comprendre la Bible dans sa langue maternelle, la Société Internationale de Linguistique reconnue par l'Etat Togolais dont la tâche est la traduction de la Parole de Dieu en vernaculaire, il nous paraît opportun de recommander le nommé NAPO POADI NABINE, membre actif de ladite Société, et de l'autoriser à intervenir au besoin dans nos assemblées pour expliquer l'importance et la nécessité de la traduction de la Bible en BASSAR et en d'autres langues.

En vous remerciant de votre confiance et de votre collaboration pour l'avancement de l'oeuvre du Seigneur, je vous prie de croire, chers frères et Collègues, à mes salutations fraternelles en Christ.

Pasteur Eli Kofi AYIVI
Président du Conseil Chrétien

à la lecture au sein des églises. Ensuite, cette édition devait être soumise à une révision systématique par les groupes de réviseurs des trois dénominations chrétiennes implantées à Bassar, en dehors du travail de l'équipe de traduction reconstituée.

En novembre 1988, février et mai 1989, l'édition préliminaire révisée passe respectivement entre les mains de deux conseillers en traduction de SIL pour une nouvelle vérification de la qualité de la traduction, Ron Stanford pour l'Epître aux Romains et Mary Steele pour le reste des livres du Nouveau Testament, avec la collaboration de l'équipe de traduction et des réviseurs délégués des églises locales des Assemblées de Dieu, Baptiste et Catholique. Mary Steele passera un mois avec nous en famille pour la vérification finale de la traduction. Cette dernière étape mettra fin au processus de traduction du Nouveau Testament en langue n'tcham.

Dès lors s'ouvrait une autre phase, le processus de publication de cette traduction n'tcham du Nouveau Testament. Il commence par la mise en pages de la traduction. Celle-ci va durer aux moins trois mois. Commencée le 05 février 1990, elle va prendre fin au mois de mai de la même année, au Centre Wycliffe UK à Horsleys Green au Royaume-Uni. L'informaticien David Crozier et moi-même avions travaillé d'arrache-pied à la mise en forme du texte du Nouveau Testament pour la presse en Corée du Sud pendant trois mois ! Cependant, l'on peut se demander, pourquoi une si longue période pour cette mise en pages ?

A l'époque, les traducteurs produisaient des ébauches de traduction des textes bibliques par écrit à la main. Du moins c'était notre cas. Ces manuscrits étaient ensuite saisis sur une machine à écrire. Toutes les corrections faites au cours des lectures devraient être introduites dans les textes par une nouvelle saisie sur machine à écrire. Le travail était lent et demandait une attention particulière des traducteurs. C'était avant l'utilisation des premiers ordinateurs dans les projets de traductions bibliques. On ne disposait pas encore de logiciels performants comme c'est le cas aujourd'hui avec Paratext par exemple. Ainsi, on devait vérifier manuellement que tous les versets du Nouveau Testament sont traduits, que les mots clés comme grâce, foi, amour, espérance, ont la même orthographe partout dans la traduction du Nouveau Testament. D'autres aspects importants consistaient à s'assurer que toutes les corrections de fautes sont faites, la ponctuation, l'harmonisation du vocabulaire, des mots clés bibliques, des noms bibliques, des illustrations des concepts inconnus, des notes explicatives en bas de pages, le glossaire et les cartes, sont conformes aux standards. Tout cela devrait être fait grâce à la vigilance du technicien et du traducteur, par la lecture et la relecture du texte du Nouveau Testament autant de fois possible. Cela prenait du temps. Heureusement depuis un temps, des progrès ont été enregistrés en informatique. De nouveaux logiciels sont conçus et améliorés pour faciliter la production d'une composition rapide et de haute qualité des textes d'une traduction.

Traduire la Bible dans une langue est sans doute l'une des tâches les plus difficiles dans la vie. On pourrait la comparer à celle qui consiste à élever des enfants dans notre contexte africain. En effet, la tâche la plus difficile mais aussi la plus importante, c'est d'aider l'enfant à donner un sens à sa vie. Les deux tâches nécessitent d'abord l'aide de Dieu, ensuite la contribution de plusieurs partenaires, car on ne peut les réussir en faisant cavalier seul. Ainsi grâce à la contribution d'un autre partenaire jusque là resté dans l'ombre, les ressources financières nécessaires sont pourvues pour mener à bien l'impression de 2000 copies de la toute première édition finale du Nouveau Testament Bassar. Ce partenaire c'est « International Bible Society (IBS) » qui accepta de financer la publication. Mais il fallait attendre une année pour que les fonds soient mobilisés et que les premières copies sortent de l'imprimerie. Pour les centaines d'hommes et de femmes locuteurs du n'tcham qui apprennent depuis quelques années à lire et écrire leur langue, c'était un moment très attendu. Certes, pour l'équipe de traduction elle-même, la joie était grande. Mais elle se devait de la partager avec la grande famille des amis personnels et avec tous les partenaires du projet de traduction bassar, SIL, Alliance Biblique, et tous les anonymes qui ont soutenus le projet de traduction moralement et par la prière. Grâce à leur collaboration effective, ce Nouveau Testament voit enfin le jour. Chacun des participants peut alors attendre dans la sérénité la récompense promise par Dieu au jour de l'avènement de notre Seigneur et Sauveur Jésus-Christ. Parce qu'ils ont semé dans les pleurs pour Dieu, ils récolteront dans l'allégresse.

Ce que l'on sème c'est ce qu'on moissonne

S'il est vrai que c'est ce que l'on sème que l'on moissonne, alors un triste constat s'impose à l'analyse de la fascinante histoire du Nouveau Testament Bassar. Il s'agit de l'absence d'une semence abondante de l'Eglise locale à la réalisation du projet de traduction du Nouveau Testament !

Considérons un exemple biblique. Voyons ce que fit le roi David, l'homme qui a reçu le témoignage de Dieu lui-même comme étant l'homme selon le cœur de Dieu. Pour expier sa faute d'avoir ordonné le recensement de son peuple (ce qui était une prérogative de Dieu qui seul détient la vie et la mort du peuple d'Israël dans sa main) et pour apaiser ainsi la colère de Dieu qui s'était abattue sur ce peuple, le roi David a refusé l'offre d'Aravna pour le sacrifice qu'il devait faire à l'Eternel : « Mais le roi dit à Aravna : Non ! Je te l'achèterai en bonne et due forme et pour un prix ; je n'offrirai pas à l'Éternel, mon Dieu, des holocaustes qui ne me coûtent rien ! David acheta l'aire et le gros bétail pour cinquante sicles d'argent. David bâtit là un autel à l'Éternel et offrit des holocaustes et des sacrifices de communion » (2 Samuel 24 :24-25). Ainsi, bien qu'ayant eu l'opportunité d'acquérir gratuitement, sans fournir aucun effort, le terrain et le bétail pour son sacrifice à Dieu, David a préféré investir ou semer pour Dieu une semence qui lui coûte quelque chose et qui a du prix devant Dieu. Plutôt que de s'appuyer sur les hommes, il voulait ainsi signifier que tout ce qu'il est et tout ce qu'il a, appartient à Dieu en qui il s'était confié pour obtenir miséricorde. En effet, voici sa réponse au prophète Gad : « David répondit à Gad : Je suis dans une grande détresse ! Oh ! Tombons entre les mains de l'Éternel, car ses compassions sont immenses ; mais que je ne tombe pas entre les mains des hommes ! » (2 Samuel 24 : 14)

L'histoire du monde moderne nous enseigne que le héro de la France, le Général de Gaulle, tout en reconnaissant ce que les alliés Américains, Anglais, Canadiens et Russes avaient fait pour la libération de la France, n'était pas moins indigné de constater la non implication ou plutôt la non association de la Résistance Française à l'opération de débarquement des alliés le jour 'J' c'est-à-dire le 06 juin 1944 en Normandie.

Nous croyons que l'engagement de l'Eglise locale est essentiel au progrès de la mission, en particulier celle de la traduction de la Bible dans les langues maternelles, pour le salut des « peuples sans Bible » en Afrique. Dieu entend les prières et il voit les bonnes actions de son peuple en tout lieu où celui-ci se trouve et il se réjouit de la manière dont ce peuple participe à son œuvre, en réponse à son appel.

L'analyse du contexte dans lequel Dieu avait suscité la mission de Wycliffe au 14è siècle montre que ce contexte est étroitement lié à la vie active de l'Eglise locale. Au 14è siècle, l'Eglise locale priait Dieu, cherchait sa face, voire même l'entendaient parler par des prophéties et des paroles de sagesse et de connaissance, mais elle ne tremblait plus devant l'autorité du Testament laissé par Dieu à l'Eglise, c'est-à-dire la Bible. L'Eglise locale avait perdu la loyauté aux Saintes Ecritures. La provision de la vérité biblique et l'appétit pour la Parole de

Dieu se faisait rare en son sein. La lecture et la méditation de la Bible n'avaient plus de place pendant les offices religieux dans l'Eglise. A leur place, l'on n'avait plus que de l'animation, des exhortations et des anecdotes alléchantes dans cette Eglise. Ceci confirme ce que l'Esprit Saint dit dans 1 Timothée 4 : 1-2. « Mais l'Esprit dit expressément que, dans les derniers temps, quelques-uns abandonneront la foi, pour s'attacher à des esprits séducteurs et à des doctrines de démons, par l'hypocrisie de faux discoureurs marqués au fer rouge dans leur propre conscience ». L'apôtre Paul dans le même chapitre donne une piste de solution au jeune leader Timothée en ces termes : « Jusqu'à ce que je vienne, applique-toi à la lecture (*des Saintes Ecritures*), à l'exhortation, à l'enseignement. Ne néglige pas le don qui est en toi et qui t'a été donné par la prophétie avec l'imposition des mains du collège des anciens. » (Timothée 4 :13-14). Ainsi, le jeune pasteur Timothée devait s'appliquer à lire les Saintes Ecritures et exhorter tous les chrétiens à en faire de même. Mais comment le ferait-il s'il les négligeait ou s'il n'en avait pas du tout accès dans la langue qu'il comprend ?

Dans la même ligne de pensée, John Wycliffe dira, je cite : « Ignorer les Saintes Ecritures, c'est négliger Christ ». John Wycliffe, à l'époque, Professeur dans la prestigieuse Université d'Oxford, insistait dans son enseignement sur l'autorité suprême de la Bible. Cette prise de position lui coûta la destitution de son poste. Ainsi, la seule révélation de Dieu, qui est sûre et infaillible, la Parole inspirée par le Saint Esprit, avait perdu sa place dans l'Eglise locale au 14è siècle. Face à cette situation de l'Eglise, Dieu suscita la « mission de Wycliffe ». L'action de John Wycliffe et ses collaborateurs allait servir de précurseur au mouvement de la Reforme de l'Eglise deux siècles plus tard. Cette action consistait à traduire la Bible en anglais et à l'enseigner au commun des mortels en vue de corriger les erreurs. Ils l'ont traduite dans le langage courant et l'ont rendue accessible afin qu'elle parle d'elle-même à l'homme ordinaire. Ils ont vécu eux-mêmes dans la simplicité et le sacrifice. Ils ont prêché l'amour et le pardon gratuit des péchés dans l'œuvre parfaite de notre Seigneur Jésus-Christ. Pour John Wycliffe et ses collaborateurs « Toute écriture est inspirée de Dieu, et utile pour enseigner, pour convaincre, pour corriger, pour instruire dans la justice » (2 Timothée 3 :10). D'où la célèbre phrase : « John Wycliffe, l'étoile brillante du matin de la Reforme de l'Eglise ». Ce mouvement avait pris corps au sein de l'Eglise locale et impacté la communauté en dehors de l'Eglise. Au fil du temps la Bible avait retrouvé sa place dans la vie de l'Eglise en Angleterre et en Ecosse où elle était lue et étudiée avec avidité dans tous les foyers du pays. (BRIDGE 1987)

Certes, l'expérience n'est pas unique en Christ. Mais de quoi l'Eglise a-t-elle le plus besoin pour accomplir sa mission aujourd'hui ? De bonnes prédications ? De plus de miracles dans l'Eglise ? De plus de proclamation de l'Evangile ? Ou de plus de manifestation du Saint-Esprit ? La tension est palpable au sein du Corps de Christ, mais elle offre une opportunité unique de changer de paradigme pour œuvrer ensemble dans un mouvement synergique, si nous voulons renouer avec le réveil spirituel.

La mission de Wycliffe ne se limitait pas seulement à la traduction du livre de la Bible dans sa langue, l'anglais. Elle allait au-delà pour impliquer l'Eglise locale à travers le témoignage des « lollards » 'prédicateurs évangélistes' encore appelés « disciples de Wycliffe ». Leur témoignage appelait à la repentance du péché qui avait conduit le Fils de Dieu à la croix du calvaire pour le salut de quiconque croit, mais aussi à la proclamation de la suprématie du message de la Bible entière. Car « Le juste vivra par la foi » qui vient des Saintes Ecritures. C'est dans les ténèbres du péché du peuple que Dieu avait envoyé la lumière de sa Parole traduite en anglais courant en vue de la transformation des vies.

Si l'Église locale ne s'engage pas dans la réalisation et la diffusion de la traduction de la Bible dans ses propres langues, elle se dérobe de sa responsabilité de rechercher des solutions pour résoudre ses propres problèmes. Le seul apport des partenaires extérieurs est à la fois un atout et un handicap sur le Continent. Car, le maintien du caractère exclusif de cet apport peut être vu, à tord ou à raison, comme une démonstration de l'incapacité de l'Afrique à réfléchir seul à son épanouissement. Nous tirons pour cela la sonnette d'alarme et lançons un appel à une plus grande prise de responsabilité vis-à-vis de la traduction et la diffusion de la Bible en langues locales. L'Église locale africaine devrait affirmer haut et fort l'autorité suprême du message de la Bible sur tous les autres enseignements dispensés dans les églises à travers le Continent. Le moyen pour y parvenir c'est de promouvoir une traduction de qualité de ce message biblique et l'apprentissage de la lecture, en vue de l'utilisation des Écritures dans ces langues maternelles africaines, par tout le monde, y compris les pasteurs, les théologiens, les évangélistes et autres décideurs dans l'Église.

Mais d'autres obstacles de taille se dressent devant. Car parmi les différentes résolutions qui sont souvent prises dans les consultations et conférences sur la traduction de la Bible, presque aucune ne traite à fond la question de la promotion de l'engagement de l'Eglise locale africaine dans le mouvement de la traduction de la Bible à travers l'Afrique. L'Afrique n'est pas associée ni sollicitée et elle ne s'en plaint malheureusement pas ! Même quand elle l'est, c'est de façon très superficielle qui ne traite pas des vrais problèmes. La culture de la dépendance des ressources externes semble prendre le pas sur le développement de partenariats en interne. Ceci a des conséquences inattendues. Comme exemple concret, un leader d'église nous faisait un jour cette étonnante remarque : « Pourquoi l'Association Wycliffe Togo veut que notre Eglise se charge du soutien de notre missionnaire tandis que son partenaire expatrié nous dit qu'il va assurer ce soutien ; ainsi nous pouvons garder nos maigres ressources ? »

Pourtant l'Apôtre Paul, dans son Epître aux Philippiens dit au sujet des dons missionnaires : « Ce n'est pas que je recherche le don ; ce que je recherche, c'est le fruit abondant porté à votre compte » (Philippiens 4 :17). Autrement dit, quand l'Eglise locale donne ses ressources pour une bonne cause comme la traduction de la Bible dans sa langue, elle augmente la bénédiction de Dieu dans son propre compte. Car, l'Apôtre Paul dira dans la suite de son argumentation : « Ces dons sont comme une offrande d'agréable odeur, un sacrifice que Dieu accepte et qui lui plaît. Mon Dieu pourvoira à tous vos besoins, selon sa magnifique richesse, par Jésus-Christ » (Philippiens 4 : 18-19).

Tout ceci démontre que l'engagement de l'Eglise locale africaine dans le financement de la réalisation des traductions et diffusions de la Bible en langues maternelles doit faire l'objet d'une promotion soutenue dans l'Eglise en Afrique. Des stratégies à l'échelle locale, nationale et régionale doivent être adoptées. Le bonheur de l'Afrique en dépend, selon cette parole du Seigneur Jésus-Christ « Il y a plus de bonheur à donner qu'à recevoir ». (Actes 20 :35)

Maintenant, faut-il comprendre que le sentiment d'impuissance que l'Eglise locale africaine affiche est dû à cette pauvreté que les autres reconnaissent depuis toujours à l'Afrique, qui est pourtant le continent le plus riche ? Si tel est le cas, au lieu de nous inquiéter, déchargeons-nous sur l'Eternel, de ce fardeau ainsi que de tous les autres qui font obstacles à notre engagement effectif dans la mission de la traduction de la Bible en Afrique. Car l'Eternel Dieu dit : « Je suis celui qui suis ». Parce que celui qui s'appelle « Je suis » est avec nous, nous y parviendrons certainement.

L'Evangile rapporte qu'un jour, face à une foule de cinq mille hommes affamés, Jésus dit à ses disciples : « Donnez-leur vous-mêmes à manger ». La réponse des disciples démontre que le sacrifice demandé pour nourrir une telle foule relevait de l'impossible pour eux : « Ils lui disent : Faudra-t-il que nous allions acheter des pains pour deux cents deniers, afin de leur donner à manger ? Et il leur répondit : Combien avez-vous de pains ? Allez voir. Ils s'en informèrent et répondirent : Cinq, et deux poissons » (Marc 6 :37). Là-dessus les disciples confièrent à Jésus le peu qu'ils avaient, pour nourrir la foule.

Un chef africain, garant des traditions de son peuple, en réponse à une question d'un journaliste togolais concernant la place des chefs traditionnels dans la société africaine, disait ceci : « Nous les chefs traditionnels nous sommes là pour nos peuples et nos peuples sont là pour nous ». Cette réponse simple en dit long sur la pensée africaine qui est : « Je suis parce que nous sommes », contrairement à la pensée occidentale : « Je pense donc je suis ». La pensée africaine met toujours en avant les relations humaines, c'est-à-dire cette solidarité légendaire qui a façonné l'Afrique et qui se trouve au cœur du message de l'Apôtre Paul aux Corinthiens : « Nous qui sommes plusieurs, nous formons un seul corps en Christ et nous sommes tous membres les uns des autres ».

Initions donc ensemble sur le Continent cette solidarité légendaire africaine pour soulever ces fardeaux qui seraient des freins à la réalisation des conditions favorables en vue d'assoir un mouvement durable de la traduction et la diffusion de la Bible dans nos langues en Afrique. Ce serait au moins l'occasion d'entraîner l'Afrique entière à suivre les pas de la pauvre veuve qui avait mis dans le tronc tout ce qu'elle avait pour vivre, par amour pour Dieu : « Assis vis-à-vis du tronc, Jésus regardait comment la foule y mettait de l'argent. Plusieurs riches mettaient beaucoup. Il vint aussi une pauvre veuve, et elle y mit deux petites pièces faisant un quart de sou. Alors Jésus appela ses disciples et leur dit : En vérité, je vous le dis, cette pauvre veuve a mis plus qu'aucun de ceux qui ont mis dans le tronc ; car tous ont mis de leur superflu, mais elle a mis de son nécessaire, tout ce qu'elle possédait, tout ce qu'elle avait pour vivre » (Marc 12 :41).

L'Eglise locale africaine ne saurait trouver une quelconque excuse dans la pauvreté, car la Bible dit expressément dans le livre des Proverbes 22 verset 7 ce qui suit : « Les pauvres sont dominés par les riches. Ceux qui ont des dettes sont prisonniers de ceux qui leur prêtent de l'argent ». L'Afrique doit maintenant s'affranchir de cette étiquette qu'on lui colle à la peau et agir comme la pauvre veuve du Temple devant Jésus-Christ.

L'Eglise locale africaine a le devoir devant Dieu de prendre ses responsabilités en participant effectivement à la mission de la traduction et la diffusion de la Bible et à toutes les autres missions au sein des peuples africains. C'est à nos yeux la condition pour qu'elle puisse affirmer avec conviction, la primauté des valeurs bibliques sur les dérives mondaines qui influencent les sociétés africaines aujourd'hui. C'est à juste titre qu'il est écrit en substance, dans le même passage du livre des Proverbes 22 précité et au verset 6 : « Donne à un enfant de bonnes habitudes dès ses premières années. Il les gardera même dans sa vieillesse ». Le rôle de la mission Wycliffe en Afrique c'est de donner à la jeune Eglise africaine l'information nécessaire, afin de l'équiper à participer effectivement à la Mission de Dieu en Afrique, en particulier, la traduction de la Bible pour ses propres peuples.

L'engagement total de l'Eglise locale africaine sera un processus long et passera par la mise en place de stratégies qui permettent de sortir du conditionnement de dépendance dans lequel elle a été soumise depuis plus d'un siècle. Ces stratégies devraient aussi incorporer les organes dirigeants de l'Eglise locale concernée dans les structures qui soutiennent le mouvement de traduction de la Bible. Ainsi, à la base de toute organisation du mouvement de traduction devraient siéger les membres des comités de l'Eglise locale, en sorte que chaque projet de traduction soit véritablement incorporé au cœur des préoccupations de l'Eglise locale concernée, et de la communauté ethnique et linguistique bénéficiaire.

En effet, la réalité sur le terrain est tout autre dans la plus part des cas. Les comités des églises sont mis de côté dans la conception des structures des organisations du mouvement de traduction, tant au niveau local qu'au niveau national ; soit par ignorance, soit de façon délibérée. L'Eglise locale apparaît au final comme anonyme, mise en marge des prises de décisions de ces organisations de traduction de la Bible dans le pays. Peu à peu celles-ci prennent leur indépendance de l'autorité de l'Eglise locale qu'elles étaient sensées représenter. Pire encore, ces structures deviennent les seuls maîtres à bord du mouvement de la traduction de la Bible, inhibant ainsi les effets positifs induits par la traduction de la Bible sur l'Eglise locale et sur les communautés locutrices au sein desquelles cette Eglise est appelée à vivre sa foi.

Le manque d'un engagement effectif de l'Eglise et de la communauté locale, et l'absence de leur participation aux prises de décisions au niveau des instances dirigeantes du mouvement de la traduction de la Bible, implique automatiquement le manque d'engagement financier, matériel, spirituel de cette Eglise. Pire encore l'engagement de l'Eglise locale à utiliser les traductions en langues locales se fait attendre. Pourtant, c'est à l'Eglise locale que revient le devoir d'imprimer dans toute l'organisation du mouvement, la valeur spirituelle de la traduction de la Bible dans une langue maternelle, comme nous le verrons dans le cas ci-après.

En effet, la traduction de la Bible revêt une triple valeur :

D'abord la Bible en langue locale tient en éveil l'Eglise locale sur sa vocation de sel et lumière dans le monde, selon cette parole de l'Epître de 2 Pierre 1 :13 « Mais je crois juste, tant que je suis ici-bas, de vous tenir en éveil par mes rappels ». Ensuite, la valeur de la traduction de la Bible consiste en la transformation des communautés bénéficiaires à travers la diffusion continue des Saintes Ecritures en langues locales d'une génération à une autre. Enfin, la traduction de la Bible donne à l'Eglise locale la possibilité de développer une liturgie purement biblique, c'est-à-dire la Parole de Dieu mise dans le vêtement de la prière dans la langue du cœur du peuple de Dieu. « Par Jésus-Christ, offrons sans cesse à Dieu un sacrifice de louange, c'est-à-dire le fruit de lèvres qui confessent son nom. » (Hébreux 13 :15).

Un événement solennel, la dédicace du « Livre de Dieu »

La langue parlée par le peuple Bassar est appelée bassar ou encore n'tcham. Le n'tcham que l'on écrit en orthographe bassar « ncam » serait dérivé de la racine « -ca » qui signifie 'forgeron', car les Bassar du Togo sont connus pour leur technologie d'extraction et de traitement du fer (GOUCHER 1985). Le n'tcham ou bassar est parlé par environ deux cent mil personnes réparties sur les deux territoires du Togo francophone et du Ghana anglophone.

La langue n'tcham, a deux dialectes : « mpeetim » et « nfum ou ntaapum ». Ce qui différentie fondamentalement ces deux dialectes c'est que le premier « mpeetim » utilise plus la particule « pee » tandis que le « nfum » utilise à la place « fu ». Au Togo le premier « mpeetim » est parlé dans le chef lieu de la Préfecture de Bassar et ses environs, mais aussi dans la deuxième plus grande localité, Kabou. Du coup ce dialecte sera le plus courant et donc le mieux étudié. Au Ghana, les deux parlers cohabitent dans les localités où vit la Communauté Bassar. Mary Abott et Monica Cox dans leurs recherches comparatives ont fait le constat que le dialecte mpeetim qu'elles avaient étudié au Ghana est le même qu'elles ont retrouvé en arrivant à Bassar au Togo en 1967, c'est le dialecte « prestigieux », c'est-à-dire le mieux compris par tous les locuteurs du bassar.

La détermination du dialecte dit « prestigieux » est une étape indispensable avant le début de la traduction de la Bible dans une langue donnée. Le choix du dialecte mpeetim pour traduire le Nouveau Testament et l'Ancien Testament en n'tcham est donc très judicieux. Les principales variations entre les deux dialectes sont d'abord des variations régulières : les suffixes dérivatifs et les classes nominales de forme « -ti » ou « -di » en mpeetim se prononce « -ri » ou « -ni » ou encore « -li » en nfum. Exemple : en mpeetim : « ubɔti » chef,

« bììti » découvrir, « bɔ̀nti » assombrir, « dibindi » poitrine, se prononce en nfum : « ubɔri », « bììri », « bɔnnì », « libinli ».

Les suffixes dérivatifs et classes nominales de forme « -fi » en mpeetim se prononce « -hi » en nfum. Exemple en mpeetim : « bifì » apprendre et « pilfì » écouter, se prononce « bihì » et « pilhì » en nfum.

Les affixes de la classe nominale di /a en mpeetim devient li/ŋ en nfum. Exemple : « diyìl »/« ayìl » tête, se prononce « liyìl »/ « ŋyìl » en nfum.

Ensuite, il y a des variations irrégulières : en mpeetim, quatre auxiliaires verbales : bíi, pée, du, kpáàa se prononcent en nfum comme : bí, fúù, di, kpàa. Tandis que la marque « dí » de la prééminence en mpeetim se prononce « ní » en nfum.

Une autre difficulté à essuyer dans l'élaboration de l'orthographe bassar sera la marque des tons. Les tons sont des accents portés sur les mots dans l'orthographe d'une langue tonale. L'influence de l'anglais qui ne marque pas d'accent et du français qui marque les accents, est devenue une difficulté supplémentaire pour les locuteurs Bassar du Ghana anglophone qui sont habitués à une orthographe sans accents.

Bien que ces quelques variations soient attestées entre les deux dialectes, et entre les locuteurs de part et d'autre de la frontière Togo-Ghana, comme nous venons de le voir, la différence ne constitue en aucun cas un obstacle à l'intercompréhension. De plus le sentiment d'appartenance à un même peuple parlant une même langue ne souffre d'aucune contestation. La traduction de la Bible peut donc se faire avec l'assurance d'être acceptée par tous les locuteurs Bassar.

Au plan religieux, le peuple Bassar pratique la religion traditionnelle de ses ancêtres. Les premiers évangélistes à fouler le pays bassar sont Catholiques, dans les années 1930. Le tout premier missionnaire fut le Père Emmanuel Kennis, de la Société des Missions Africaines (SMA) en 1933. Ensuite

Un événement solennel, la dédicace du « Livre de Dieu »

vint les Pentecôtistes de la Mission Américaine des Assemblées de Dieu conduite par le Pasteur Wakefield en 1951. Bien que ces églises soient implantées dans presque tous les villages bassar, le nombre de Bassar chrétiens ne dépasse pas 10% de la population locutrice du n'tcham.

Le 04 janvier 1992, il s'est déroulé un événement historique dans la vie de ce peuple Bassar. Il s'agit de la dédicace du Nouveau Testament en langue n'tcham. L'événement solennel du 04 janvier 1992 a consisté, d'une part, à dédier à Dieu une œuvre accomplie par sa grâce, traduisant ainsi son amour envers le peuple Bassar. D'autre part, l'événement consistait en une présentation de ce merveilleux instrument spirituel qui peut rendre sage à salut par la foi en Jésus-Christ, au peuple Bassar en général et au Corps de Christ appelé à dispenser les grâces du Seigneur en milieu Bassar. Considéré sous cet angle, l'événement du 04 janvier a marqué une réelle visitation de Dieu envers le peuple.

De ce fait, la dédicace présente indubitablement une double signification :

La première est d'ordre spirituel et marque l'ouverture par Dieu d'un accès direct à son salut et au Royaume de son Fils bien-aimé Jésus-Christ, en faveur du peuple Bassar. Rappelons qu'il a fallu attendre trente années, depuis que les deux premières linguistes traductrices de SIL ont commencé le travail de recherche sur la langue n'tcham. La traduction a connu la collaboration de plusieurs traducteurs natifs Bassar, de sept conseillers en traduction de SIL et de l'Alliance Biblique Universelle, sans oublier le soutien moral, spirituel et surtout financier de nombreux amis Suisses, Anglais, Américains et autres anonymes.

La seconde signification est plutôt d'ordre culturel et consiste en la pose des fondements scripturaux et littéraires à travers la dotation d'une écriture propre à la langue n'tcham. Par le don de cet ouvrage fondamental, Dieu ouvre une voie royale et sûre au peuple. Celui-ci peut maintenant passer de la civilisation orale traditionnelle à une civilisation écrite, capable d'affronter efficacement les défis des temps présents.

L'événement de la dédicace du Nouveau Testament dans une langue est en fait une sainte convocation autour du Seigneur et Sauveur de tout peuple. Il faut la participation d'un plus grand nombre de personnes possibles à la célébration. Fort de ce fait, l'équipe d'organisation de cette cérémonie a associé tous les natifs Bassar et plus particulièrement ceux qui sont déjà membres du Corps de Christ. Car, plus qu'une simple fête du « Livre de Dieu » en langue n'tcham, il s'agissait bien de l'entrée dans la ville de Bassar, du Fils de Dieu, Jésus-Christ, « La Parole de Dieu » traduite dans la langue n'tcham. Pour cela, les quatre dénominations chrétiennes implantées parmi le peuple Bassar : Assemblées de Dieu, Catholique, Evangélique Presbytérienne et Baptiste, ont formé un comité qui s'est occupé de toutes les questions relatives à l'organisation matérielle et spirituelle de la manifestation.

Au premier rang des invités, on trouvait les responsables politiques et administratifs de la Préfecture de Bassar, notamment le Préfet, le Maire de la ville de Bassar, le représentant du Gouvernement togolais et le Chef traditionnel du peuple Bassar. Ensuite, chaque canton et village bassar était représenté par deux délégations. Une délégation conduite par le chef du canton et du village, les notables traditionnels et leurs suites respectives représentant les populations locales. Puis une délégation de la Communauté chrétienne du canton ou du village. Les délégations venues des quatre coins du Togo et d'outre-mer étaient aussi présentes. En tête de celles-ci on trouvait, les représentants nationaux des quatre dénominations chrétiennes, notamment, le Modérateur de l'Eglise Presbytérienne du Togo, le Président des Assemblées de Dieu du Togo, le Président de la Convention Baptiste du Togo et le Représentant de l'Eglise Catholique Romaine au Togo. Etaient aussi présents, la délégation de la diaspora Bassar au Ghana, de même que les représentants de SIL et de l'Alliance Biblique

Un événement solennel, la dédicace du « Livre de Dieu »

Universelle. A ce monde s'est jointe la population de la ville de Bassar et ses environs. Malgré le contexte sociopolitique toujours trouble et par un temps frais et poussiéreux d'harmattan, la participation a été monstre et spontanée ce samedi 04 janvier 1992, jour du marché de la ville de Bassar.

L'événement de la dédicace du Nouveau Testament bassar, le tout premier jamais traduit dans une langue au Togo depuis son indépendance en 1960, était en fait un événement prophétique, en ce sens que, ce n'était pas de la volonté d'un homme qu'il a été programmé et réalisé, mais de la volonté de Dieu.

Avertis par les certitudes des Saintes Ecritures, les acteurs du projet de traduction bassar avaient pris à cœur la mission d'intercéder en faveur du peuple, selon qu'il est écrit, je cite : « Tu vois, aujourd'hui je te charge d'une mission qui concerne les nations et les royaumes. Tu auras à déraciner et à renverser, à détruire et à démolir, mais aussi à reconstruire et replanter » (Jérémie 1 :10). Ainsi, s'identifiant au peuple, la communauté chrétienne toute entière intercédait depuis plusieurs mois pour le pardon et la miséricorde de Dieu sur tout le peuple. Les textes bibliques du jour qui ont servit de base pour l'intercession ce 04 janvier 1992 sont tirés du livre de Deutéronome 33 : 26-29 :

Moïse dit encore :

> « Israël, aucun dieu ne ressemble à ton Dieu !
> Avec puissance, il vient à ton aide
> en traversant le ciel, à cheval sur les nuages.
> Depuis toujours, il est ton abri.
> Depuis toujours, il montre sa puissance sur la terre.
> C'est lui qui a chassé tes ennemis devant toi,
> et qui t'a commandé de les détruire.

« Les Israélites habitent en sécurité.
Les fils de Jacob sont à l'abri dans un pays
où poussent le blé et la vigne,
grâce à la rosée qui tombe du ciel.
« Vous êtes heureux, vous les Israélites !
Est-ce que le Seigneur a sauvé
un autre peuple comme vous ?
Il vous a protégés comme un bouclier,
il a été pour vous une arme victorieuse.
Vos ennemis disparaîtront devant vous,
et vous, vous serez leurs maîtres. »

Le deuxième texte est tiré du livre d'Ezéchiel 34 :23-31 :

« À la tête de mon troupeau, je vais mettre un seul berger qui s'occupera de lui. Ce sera un roi comme mon serviteur David. Lui, il s'occupera des bêtes du troupeau et il sera leur berger. Moi, le Seigneur, je serai leur Dieu, et ils auront un roi semblable à mon serviteur David. C'est moi, le Seigneur, qui le dit. Je ferai avec mon troupeau une alliance de paix et je supprimerai du pays les animaux sauvages. Alors mes bêtes pourront habiter en sécurité dans le désert et elles dormiront dans les buissons. Je les laisserai vivre près de ma montagne sainte. Je ferai tomber la pluie au bon moment, et cette eau leur fera du bien. Les arbres porteront des fruits, la terre donnera ses récoltes. Chacun vivra en sécurité dans le pays. Je briserai tout ce qui écrase les gens de mon peuple. Je les délivrerai de ceux qui les rendent esclaves. À ce moment-là, ils sauront que le Seigneur, c'est moi. Les étrangers ne les voleront plus, les animaux sauvages ne les dévoreront plus. Ils vivront en sécurité, et personne ne les fera plus trembler. Je leur donnerai une plantation bien connue pour ses bonnes récoltes. Ils ne souffriront plus de la famine dans le pays. Les autres peuples ne les couvriront plus de honte. Tout le monde le saura : moi, le SEIGNEUR leur Dieu, je suis avec eux, et le peuple d'Israël est vraiment mon peuple. Je le déclare, moi, le Seigneur DIEU. Oui, vous, les humains, vous êtes mon troupeau, et je m'occupe de vous. Oui, votre Dieu, c'est moi. » Voilà ce que le Seigneur DIEU déclare.

Enfin le troisième texte se trouve dans 1 Corinthiens 15 : 57 : « Mais grâces soient à Dieu, qui nous donne la victoire par notre Seigneur Jésus-Christ ! ».

Nous pouvons aujourd'hui être certains qu'une véritable alliance en Jésus-Christ a été scellée entre Dieu et le peuple Bassar et nous le voyons à travers les membres du Corps de Christ appelés du milieu des Bassar. Car dans le livre des Actes des Apôtres nous lisons ce qui suit : « Simon vient de nous expliquer une chose : depuis le commencement, Dieu a décidé de choisir parmi ceux qui ne sont pas juifs un peuple qui lui appartienne. Et les paroles des prophètes sont en accord avec cela. En effet, dans les Livres Saints on lit : "Le Seigneur dit : Plus tard, je reviendrai. Je reconstruirai la maison de David qui est tombée. Je rebâtirai sa maison détruite et je la remettrai debout. Alors, les autres habitants du monde chercheront le Seigneur, oui, tous les peuples que j'ai appelés pour être à moi. Voilà ce que le Seigneur dit. Il a fait connaître ces choses-là depuis très longtemps." » (Actes 15 :14-18)

La portée prophétique du lancement du Nouveau Testament bassar est le début de la conquête des peuples de toutes langues au Togo et au-delà, à travers la traduction de la Bible. C'est afin que s'accomplisse la parole du Psalmiste au chapitre 2, verset 8 : « Demande, et je te donne les nations pour héritage, pour domaine les extrémités de la terre ».

L'impact de la célébration

Les points marquants du programme de ce jour du 04 janvier 1992 sont de trois ordres : les discours, la prière de dédicace et l'intervention des traducteurs du Nouveau Testament. Pour la première fois aussi, un discours a été traduit et lu en langue bassar à des milliers de personnes rassemblées au grand stade municipal de la ville de Bassar pour la circonstance.

Les discours prononcés tour à tour sont au nombre de quatre : le discours-plaidoyer de la Communauté chrétienne de Bassar que nous avions le privilège de prononcer. Nous avions exprimé la reconnaissance des chrétiens natifs Bassar à Dieu. Puis nous avions adressé une supplique à Dieu en faveur de tout le peuple. Ensuite vint le discours de M. Eric Bartels, Directeur de SIL au Togo et au Bénin. Après avoir présenté l'organisation SIL dans le monde, M. Bartels a conclut en disant que le Nouveau Testament traduit en langue n'tcham est un don de Dieu au peuple dans sa langue maternelle. En troisième position, le discours du Chef canton de Bassar, au nom de tous les chefs traditionnels du peuple. Celui-ci s'est réjoui du salut apporté à son peuple en Jésus-Christ le Fils de Dieu. Enfin le discours du Préfet de Bassar. Après avoir présenté la Préfecture de Bassar comme étant l'une des plus vastes du pays, le Préfet a fait ressortir une liste des richesses enfuient dans le sous-sol de sa Préfecture, avant de remercier le Tout-Puissant pour sa grâce envers le peuple Bassar tout entier. Chacun des intervenants a remercié les nombreux partenaires et amis qui ont soutenu le projet de traduction par leurs dons et dans la prière depuis trois décennies. Ils ont souhaité que la Parole de Dieu trouve sa place dans le cœur du peuple Bassar pour son épanouissement.

La parole a été enfin donnée aux traducteurs. Ceux-ci ont parlé brièvement du projet de traduction en commençant par l'installation de l'équipe en 1962 à Lungi au Ghana, l'étude de la langue n'tcham et le processus de la traduction. Les traducteurs ont enfin remercié leurs amis et les églises partenaires de même que le peuple Bassar du Togo et du Ghana qui les ont accompagnés pendant près de 30 années de vie du projet. La célébration de l'événement a été ponctuée par des chants et louanges adressés à Dieu et s'est terminée par une réception à la mission Catholique de Bassar.

L'écho de la célébration du Nouveau Testament en langue n'tcham a été relayé par les médias nationaux. En effet, le passage du film de la dédicace du Nouveau Testament n'tcham à la télévision nationale a suscité un vif intérêt parmi les chrétiens des autres groupes ethniques et linguistiques du pays. Nous avions reçu de part et d'autre des messages de félicitations et surtout des appels pour qu'un tel travail de traduction se fasse dans les autres langues maternelles du pays. En réponse à ses nombreux appels, nous avions décidé d'organiser une première rencontre regroupant des personnes clés appartenant à douze groupes ethniques et linguistiques intéressés par la traduction de la Bible dans leurs langues maternelles. Au total 36 personnalités ont répondu à notre invitation, soit 03 personnes par groupe ethnique et linguistique. Cette rencontre historique se fera autour d'un repas, le jeudi 02 avril 1992 à l'Hôtel du Golf à Lomé. Cet événement va marquer le début de l'histoire de l'Association Wycliffe Togo pour la traduction de la Bible et l'alphabétisation (AWT). Nous parlerons de la naissance de cette association plus loin.

La traduction de l'Ancien Testament en n'tcham (bassar)

Le projet de traduction de l'Ancien Testament en n'tcham est la suite logique de la fin réussie de la traduction du Nouveau Testament. Au lendemain de sa dédicace, une association des églises de Bassar est née des cendres du comité des églises pour l'organisation de la dédicace du Nouveau Testament. Cette association est dénommée ACEB (Association Chrétienne des Eglise de Bassar).

A partir de 1992, ACEB, conduit par son secrétaire à l'époque, M. Makou Nadjombé et son trésorier, le Père Davis Mekkattuparambil, va contacter SIL Togo-Bénin qui avait aidé à traduire le Nouveau Testament, en vue de la traduction de l'Ancien Testament. Ce premier contact n'ayant pas abouti, ACEB fut orientée vers l'Alliance Biblique du Togo, mais cette dernière a souhaité travailler avec l'association sous la forme d'un partenariat. Cela voudrait dire que les charges des activités de traduction (salaires et fonctionnement) devraient être partagées à part égale entre l'ABU et l'ACEB. L'idée d'un partage équitable des charges du projet a fait montre d'un changement d'approche et de dépendance de Dieu dans l'accomplissement du projet. Car aucune ressource financière ni matérielle n'était en vue.

Ainsi, ACEB va élaborer une proposition qu'elle va présenter aux deux partenaires, Alliance Biblique du Togo et SIL Togo-Bénin. Cette proposition comporte deux volets qui définissent les responsabilités de l'ACEB dans la traduction de l'Ancien Testament d'une part et de celles des partenaires d'autre part.

Responsabilités de l'ACEB dans le projet de l'Ancien Testament

- ACEB sera l'initiateur du projet de traduction de l'Ancien Testament en bassar (n'tcham).
- ACEB se chargera de la planification du projet et fixera les objectifs des différentes phases du projet.
- ACEB cherchera des partenaires intéressés par la réalisation du projet de traduction de l'Ancien Testament.
- ACEB se chargera de la bonne gestion des fonds alloués par les partenaires pour atteindre les objectifs du projet.

- ACEB reportera régulièrement sur les progrès enregistrés par le projet et fera des rapports financiers des différentes étapes du projet.
- ACEB gèrera au mieux les ressources humaines mises à sa disposition par les partenaires pour servir le projet.
- ACEB signera des accords de partenariat bien à l'avance avec ses partenaires pour prévenir aux changements éventuels pendant l'exécution du projet.
- ACEB fera tout son possible pour augmenter la participation effective de l'Eglise locale à la réalisation de la traduction de l'Ancien Testament, année après année.

Responsabilités des Partenaires de ACEB dans le projet de traduction de l'Ancien Testament

- Les partenaires prendront leur part du projet suivant leur appel au projet par Dieu.
- Le statut de chaque partenaire sera déterminé par ACEB suivant leur contribution au projet.
- Les conditions à remplir par chaque partenaire seront en fonction de leur responsabilité vis-à-vis du projet.
- Les partenaires mettront leurs compétences au service de l'ACEB pour l'élaboration de plans d'actions, budgets et pour le suivi du projet.
- Les partenaires feront leurs virements dans le compte bancaire de l'ACEB aux périodes convenues, jusqu'à épuisement du budget voté chaque année pour le projet de traduction de l'Ancien Testament.

Un plan d'action fut également élaboré par l'ACEB et soumis aux deux partenaires Alliance Biblique du Togo et SIL Togo-bénin.

But du projet Traduire l'Ancien Testament en bassar (n'tcham)

Stratégie Sensibiliser les églises et partenaires, mobiliser des personnes ressources pour le projet, chercher des partenaires financiers potentiels pour le projet.

Activités Traduction, formation des traducteurs, révision de la traduction, vérification de la traduction et test de la traduction auprès de la population locutrice.

Bénéficiaire Le peuple Bassar au Togo et au Ghana

Moyens à mettre en œuvre Finances, équipement (processeur Word, imprimantes, manuels de traduction) et un bureau de travail pour l'équipe de traduction.

Ressources Humaines Traducteurs (Nabine Samuel, Laré Kpapou, Samuel Kpagheri), opérateur de saisie (Gbati Nabine), Coordinateur-exégète (Napo Poidi), Conseillers en traduction de l'ABU et de SIL.

Résultat attendus La Bible en bassar (n'tcham), une version sans les Deuterocanoniques pour les Protestants et une avec les Deutérocanoniques pour les Catholiques.

Nombre de versets 20 versets traduits par jour pour les textes narratifs.

Durée du projet janvier 1995 à décembre 2006.

Contribution attendue des partenaires

- **Alliance Biblique** Salaires (à 50%) pour trois traducteurs et un opérateur de saisie, équipement et consommables bureautiques, frais de publication de la traduction, un conseiller en traduction en la personne du Dr Ettien N'da Koffi.

- **SIL Togo-Bénin** Conseiller en traduction Sheila Crunden, Coordinateur-exégète Napo Poidi, en plus d'une participation financière au projet.

- **ACEB** sera l'employeur des traducteurs. Elle se chargera du logement servant de bureau à l'équipe de traduction, des frais de formation des traducteurs en hébreu biblique en Israël, des réviseurs venant des églises, des testeurs de la traduction, de l'opérateur de saisie et du personnel au bureau de traduction à Bassar.

La traduction de l'Ancien Testament en n'tcham (bassar)

L'Eglise locale est prise en compte dans la réalisation de ce nouveau projet. Ceci constitue une fierté, même si la participation de l'Eglise locale supposée être de 50% des salaires des traducteurs sera difficilement réalisée. Certes, cela sera un manque à gagner pour ceux-ci et leurs familles pendant une partie du projet. A titre d'exemple, les traducteurs ont travaillé trois années de suite sans aucun salaire de la part de l'association. Fort heureusement, les contributions des partenaires comme Wynet d'Angleterre et des amis personnels des membres de l'équipe de traduction viendront palier tant soit peu ce besoin.

La traduction proprement dite devait commencer en janvier 1995. Mais elle ne démarrera qu'en 1996 avec la formation des traducteurs sur les principes de traduction à Lomé puis à Cotonou. La responsabilité de former les traducteurs était laissée aux églises de Bassar. Celles-ci vont créer la surprise en mobilisant suffisamment de fonds qui permettront à l'ACEB de couvrir les frais de voyage et de formation de deux traducteurs, Kpapo Laré et Kpagheri Samuel, en hébreu biblique en Côte-d'Ivoire et au Foyer des Traducteurs (HBT) à Jérusalem en Israël entre 1997 et 1998. Cette préparation de l'équipe sera un atout majeur pour le projet de traduction de l'Ancien Testament en n'tcham.

A l'époque, l'expérience de SIL Togo-Bénin ne lui permettait pas de superviser une traduction de l'Ancien Testament. A trois reprises une délégation de l'ACEB effectuera un déplacement de Bassar à Lomé auprès de l'Alliance Bible du Togo. Le premier déplacement est effectué par une délégation composée de son Secrétaire M. Makou Nadjombé, son trésorier Père Davis Mekkattuparambil, du traducteur Nabine Samuel et de l'opérateur de saisie Nabine Pierre le 16 décembre 1993, pour présenter le projet de traduction de l'Ancien Testament et les attentes des partenaires potentiels. Le 03 janvier 1994, un rapport sanctionnant cette première rencontre est adressé à l'Equipe Bassar par M. Nabine Lantam David, l'Assistant du Conseiller en traduction, Dr Ettien N'da Koffi, au nom de ce dernier, du Directeur Amaté Atayi de l'Alliance Biblique du Togo, du Dr Van der Jagt et du Dr Ellington de l'ABU, tous deux conseillers en traduction :

> « Chers frères de l'Equipe Bassar
>
> Ce fut un réel plaisir de vous avoir rencontré le 16 décembre dernier pour discuter de votre projet de traduction de l'Ancien Testament. J'espère que vous tenez toujours à ce projet. J'étais très content de voir que vous avez sérieusement réfléchi à ce que vous voulez faire. Les buts de votre association le témoignent. J'espère que le survol que nous avons fait ensemble des conditions de travail ne vous a pas découragé. Je rappelle brièvement les points forts de notre rencontre :
>
> **Droits d'auteur du Nouveau Testament et de l'Ancien Testament** Etant donné que l'ABU ne détient pas le droit d'auteur du Nouveau Testament, il faudra que vous receviez la permission d'utiliser les textes du Nouveau Testament, et éventuellement les mettre ensemble avec l'Ancien Testament pour constituer la Bible entière. A ce propos, je vous envoie les formulaires du droit d'auteur au cas où vous décidez de faire l'Ancien Testament avec nous.
>
> **Personnel qualifié** Il faudra au moins deux traducteurs en plein temps, trois au maximum. Il faudra aussi un exégète – coordinateur du projet, un saisisseur sur ordinateur. Le niveau requis par l'ABU pour les traducteurs est stipulé comme suit :
> — Avoir le BAC,
> — Avoir fait au moins 2 années de séminaire, peu importe protestant ou Catholique,

— Avoir une connaissance au moins rudimentaire de l'hébreu (pour l'Ancien Testament) et du grec (pour le Nouveau Testament).

Financement L'ABU demande qu'un salaire équivalent au niveau d'instruction soit payé au personnel de traduction. Pour cela l'ABU est prête à participer jusqu'à 50% du financement du projet. En plus de cela, l'ABU est prête à mettre à la disposition de votre équipe des machines performantes : ordinateur, imprimante, disquettes, papier et écritoire, en cas de besoin. Les coûts d'édition finale sont entièrement à la charge de l'ABU.

Un mot sur la vision de l'ABU L'Alliance Biblique est un ministère chrétien engagé à mettre la Parole de Dieu à la disposition des peuples dans les langues qu'ils comprennent le mieux. Pour cela, elle subventionne les travaux de traduction dans des centaines de langues à travers le monde entier. L'ABU travaille avec toutes les églises chrétiennes et encourage les traductions où collaborent toutes les dénominations chrétiennes. Notre souhait est que votre équipe reflète le caractère œcuménique préconisé par l'ABU.

Dans l'espoir d'une fructueuse collaboration, recevez chers frères en Christ mes meilleurs vœux pour l'année 1994.

Fraternellement

Ettien N'da Koffi - Conseiller en traduction de l'ABU pour le Bénin et le Togo. KNE /1pn. »

Une deuxième rencontre d'orientation sur les principes de l'ABU sera programmée pour permettre aussi au conseiller Dr Ettien N'da de mieux comprendre les perspectives de l'ACEB.

Elle aura lieu le 12 avril 1994 toujours à l'ABT à Lomé dont voici un extrait du rapport envoyé le 20 avril 1994 par le conseiller en traduction :

> « Je voudrais ici vous donner encore quelques orientations et chercher à comprendre moi-même certaines choses.
>
> Comme vous le savez, nous à l'Alliance Biblique croyons comme vous que la traduction de la Bible est éminemment une œuvre spirituelle et le restera. Il est vrai que nous insistons sur la formation académique mais nous savons tout de même que c'est le Saint-Esprit qui éclaire ! Cependant, nous ne négligeons pas l'apport de la formation académique et théologique. J'espère que les candidats que vous proposez ont les qualifications mentionnées dans une de mes précédentes lettres. Si non, il faudra soit chercher d'autres ou leur permettre de suivre la formation requise.
>
> Quand j'ai lu la page intitulée « les apports attendus des partenaires » j'ai vu que vous attendez de l'ABU, notamment 300.000 F CFA par mois par traducteur et pour les trois traducteurs. Etant donné que je vous ai dit que l'ABU prend la moitié du versement des salaires, votre rapport me suggère donc que vous comptez payer au moins 200.000 F CFA par mois à chaque traducteur ! Si tel était le cas, ce salaire serait trop élevé. Mais si tel n'était pas le cas, l'ABU à elle seule ne prendrait pas toute la responsabilité financière du projet. Je voudrais rappeler ici que l'ABU serait prête à contribuer à 50% une fois que le projet est accepté à Nairobi.
>
> En ce qui concerne les conseillers, je vois que vous écrivez que l'ABU et la SIL vous fourniront des conseillers. Bien que l'ABU collabore étroitement avec la SIL, un projet de l'ABU ne peut pas

avoir deux ou des conseillers autres que ceux de l'ABU. C'est-à-dire que vous ne pouvez pas avoir en même temps des conseillers de l'ABU et ceux de SIL pour le projet bassar. Ce qui est généralement fait c'est que le représentant de la SIL est le coordinateur du projet. En cette qualité, cette personne est chargée de faire le planning du travail et le travail exégétique avant et pendant la traduction. Mais le travail exégétique final, c'est-à-dire le contrôle de la qualité textuelle revient à l'ABU. Généralement aussi, comme il arrive souvent que dans notre région les traducteurs ne connaissent aucune des langues bibliques, on demande que le coordinateur de la SIL ou de quelle que mission que ce soit ait appris ces langues.

Je vois que vous programmez de commencer en janvier 1995. C'est bien d'avoir une date de départ. Mais, je pense qu'en ce qui concerne l'ABU, cette date est trop rapprochée. D'abord, il faudra remplir certaines formalités administratives à Lomé et aussi à Nairobi. C'est lorsque Nairobi aura approuvé un projet qu'un budget lui sera alloué. Pour ma part je pense que c'est probablement en 1995/96 que nous trouverons peut-être de l'argent pour le projet bassar.

Encore une fois, merci pour l'excellent travail préparatoire que vous avez présenté, c'est excellent et je souhaite pouvoir collaborer avec vous dans la préparation de ce projet. Ce serait en tout cela une vraie joie pour moi de travailler avec vous parce que vous êtes une association bien organisée, sachant avec précision l'objectif que vous voulez atteindre. Que Dieu bénisse vos efforts.

Fraternellement dans le Seigneur

Dr Ettien N'da. Koffi - KNE / 1pn. »

Une troisième rencontre avec le Conseiller de l'ABU Dr

Ettien Koffi N'da aura lieu cette fois-ci à Cotonou où il est basé, le 23 juin 1995. Elle sera conduite de nouveau par le Secrétaire de l'ACEB, accompagné de M. Ditone Emmanuel, le Père Davis Mekkattuparambil, M. Nabine Gbati, et le Père Olivier Djabaré. A l'issue de cette rencontre, il est arrêté que le traducteur Kpapo Laré et Nabine Samuel (qui sera remplacé par Kpagheri Samuel pour cause de niveau académique) devaient prendre part à un cours d'introduction à l'hébreu biblique dispensé par Madame July Bentinck de la SIL, en juillet 1997, à Bouaké en Côte-d'Ivoire. Ce cours d'introduction à l'hébreu biblique préparera les deux traducteurs pour un cours intensif d'hébreu biblique de six mois à Jérusalem en Israël, à partir d'octobre 1997, au « Home for Bible Translators (HBT) », la toute première fois en faveur des traducteurs africains. Les autres membres de l'équipe de traduction de l'Ancien Testament en n'tcham sont : le traducteur Samuel Labanté Nabine, le coordinateur-exégète Napo Jérémie Poidi et le conseiller en traduction Dr Ettien Koffi N'da.

Ces rencontres entre l'ACEB et l'ABU se solderont par la signature d'un accord qui reconnaîtra à l'Alliance Biblique la responsabilité de la traduction de l'Ancien Testament en bassar, sous la supervision du conseiller en traduction Dr Ettien N'da Koffi. Trois années après le début du projet de traduction, ce dernier va céder sa place à trois autres conseillers de l'ABU qui vont se succéder pour vérifier les textes traduits en n'tcham. Il s'agit de : Dr Ellington, Dr Van Der Yagt et Dr Somé Joachim. Ce dernier sera le Conseiller qui fera le contrôle de la qualité textuelle de la plupart des livres de l'Ancien Testament traduits en n'tcham.

La traduction des livres deutérocanoniques qui étaient une exigence de l'Eglise Catholique pour sa participation aux activités de la traduction de l'Ancien Testament, sera la dernière étape du projet. Avec la traduction des livres deutérocanoniques ou apocryphes selon les utilisateurs, deux versions de la Bible seront disponibles en langue n'tcham, à savoir : une version sans apocryphes pour les Protestants et une version avec deutérocanoniques pour les Catholiques.

Le Nouveau Testament a été entièrement révisé par l'équipe des traducteurs et le coordinateur-exégète, mettant ainsi fin au processus de traduction des deux Testaments.

Des épreuves dans la traduction de l'Ancien Testament

Prévue pour durer 10 ans (1997-2007), le projet prendra 15 ans (1997 à 2012). Les obstacles rencontrés au cours de la réalisation de ce projet de traduction de l'Ancien Testament sont multiples. Nous mentionnons ici quelques uns : le décès du traducteur Kpapou Laré Christophe laissant une veuve et cinq enfants, la maladie du traducteur Nabine Labanté Samuel désormais handicapé, l'accident grave de voiture entre Bassar et Kara qui a failli coûter la vie au traducteur Kpagheri Samuel Tinindjotobe, alors qu'il acheminait la version finale de la traduction de l'Ancien Testament n'tcham à SIL Kara, les difficultés financières du projet dans la dernière phase de la traduction, les épreuves traversées par l'équipe réduite à deux traducteurs Samuel Kpagheri et Daniel Seyi pour achever la traduction de l'Ancien Testament. Cependant la persévérance de ces traducteurs assistés par le coordinateur et le président de l'ACEB, puis soutenus par le Directeur Amegah de l'Alliance Biblique du Togo, a permis de finaliser la révision du Nouveau Testament, en septembre 2012. Les deux Testaments (Ancien et Nouveau) de la Bible en n'tcham sont ainsi mis ensemble et paraissent sous la forme d'une Bible en langue bassar (n'tcham), au grand bonheur de l'Eglise locale et des populations Bassar au Togo et au Ghana.

Les contributions de l'Alliance Biblique du Togo, celle de SIL Togo-Bénin et plus modestement celle de Wycliffe Togo, de même que celles de l'ACEB et de WyNet son partenaire

Wycliffe de la Grande Bretagne, et de nos amis de Suisse, sont inestimables. Mais la palme revient à l'équipe des traducteurs Bassar qui se sont sacrifiés pour que ces deux projets aillent jusqu'au bout, avec l'aide de Dieu.

Chapitre 4

Une porte ouverte pour un nouveau projet de traduction du Nouveau Testament

Lors d'une visite au village de Sassanou, au sud-ouest du Togo, parmi le peuple Bogo, le Seigneur va ouvrir nos yeux sur le besoin de traduire les Saintes Ecritures en langue igo. En effet, durant le séjour au village, Honorine découvre l'amalgame que font les chrétiens entre les croyances et cultures ancestrales et les valeurs bibliques. Elle réalise alors que cela pouvait provenir d'une autre difficulté, celle de la compréhension des textes bibliques en langue éwé. Honorine eut la conviction qu'une traduction des Saintes Ecritures dans sa langue maternelle igo pouvait apporter la lumière et permettre aux locuteurs de la langue igo d'avoir une meilleure compréhension du message de la Bible.

Mais, une barrière se dressait devant un tel projet de traduction des Saintes Ecritures en igo, il s'agit de l'adhésion de l'Eglise locale en milieu Bogo et celle du peuple au projet de traduction dans sa langue. Cette barrière sera levée lorsque les décideurs de l'Eglise locale et les tenants de la tradition des Bogo se prononceront clairement pour le projet. Le Régent du village de Illogo, à l'époque dira, je cite : « Le projet de traduction en langue igo est comme un sycomore sur lequel le petit peuple des Bogo va monter afin de voir Jésus ».

Une deuxième barrière à franchir c'était la langue igo encore non écrite ! Honorine décida alors d'entreprendre des recherches linguistiques sur l'igo sa langue maternelle. Cette opportunité ouvrait la voie vers un nouveau projet de traduction du Nouveau Testament dans la langue igo encore connue sous le nom de langue ahlon, une appellation donnée par les peuples voisins des Bogo.

Les Bogo, un peuple à part

L'igo est parlé aujourd'hui par une population d'environ 7 300 âmes dans le Canton des Bogo, à l'ouest des plateaux de Danyi. Les Bogo constituent un peuple minoritaire au Togo, repartis dans cinq villages principaux (Bogo, Sassanou ou Illogo, Tinipé, Dénu, Awunadjassi), dirigés par des chefs de village et un chef de Canton. Le taux d'analphabétisme parmi les Bogo est estimé à 75%. La population la plus touchée est la population féminine qui représente plus de 60% de la population totale. La principale activité économique du peuple Bogo est l'agriculture basée essentiellement sur la culture du café. Le canton dispose de trois marchés hebdomadaires, caractérisés par la commercialisation des fruits et légumes, des céréales et des tubercules. Le commerce des produits manufacturés est très peu développé.

Les Bogo ont cheminés avec le grand peuple Ewé depuis l'Egypte ancienne en passant par l'actuelle Nigéria. D'aucuns disent que les Bogo sont des cousins lointains du peuple Igbo du Nigéria. Selon une étude que nous avions menée, environ 40% de mots igo auraient une origine apparentée à la langue igbo.

Sur le plan culturel, chaque village dispose d'une école primaire. Le canton ne compte que deux Collèges d'Enseignement Général (CEG). Le lycée est situé à 25 km environ du dernier village Bogo. Le centre hospitalier régional est à 60 km. Néanmoins, il existe un centre de santé au chef lieu de la préfecture de Danyi et des unités de santé périphériques dans les villages. Les pistes qui desservent les villages igophones sont impraticables en saison des pluies.

C'est dans ce décor de montagnes et vallées, au milieu d'un peuple des plus hospitaliers, que nous passerons les plus beaux jours de notre ministère sur le terrain de la traduction de la Bible avec nos quatre enfants.

Les recherches linguistiques sur l'igo

Le 02 novembre 1991, nous nous sommes installés officiellement dans le village d'Illogo, pour initier le projet de traduction et d'alphabétisation en langue igo. Avant cette installation, notre filiale SIL Togo-Bénin avait pris soin d'obtenir du Ministère de tutelle, l'autorisation qui attestait que nous pouvions mener des recherches linguistiques et la traduction de la Bible dans cette langue. Jusque là aucune recherche linguistique poussée n'avait été menée sur la langue igo, mis à part les travaux que le linguiste Allemand Hiné avait initiés.

Sur le terrain, nous avons bénéficié d'un soutien de taille, celui de Ɔndɛ Yao Adoboli Gassou IV, Chef supérieur des Bogo. Nos proches collaborateurs Bogo sont : Banissi Koffi, Kokou Abotchi, Anani Evouké, Dolagbénou Wolako et Goka Komlan. Ce dernier deviendra le premier superviseur du programme d'alphabétisation en igo.

Notre équipe a poursuivi ses recherches linguistiques et l'apprentissage de la langue igo qui vont aboutir à la description systématique de l'igo (Gblem-Poidi 1995). En outre, l'équipe du projet igo va recevoir une formation spirituelle que nous avons dispensée par des études bibliques et la prière d'intercession en faveur du peuple Bogo et du projet Igo, pendant plus d'une année.

Les recherches linguistiques sur la langue igo entreprise par Honorine vont permettre la publication d'un abécédaire igo et du premier manuel d'orthographe igo publié en 200 exemplaires, avec la collaboration du Comité d'organisation de la fête traditionnelle des récoltes parmi les Bogo, appelée Ɔnana.

Le 25 août 1992 marque la date du lancement du programme d'alphabétisation en langue igo et surtout, la dédicace du tout premier syllabaire en langue igo. Ce manuel d'apprentissage en langue igo fut imprimé en trois cents exemplaires. La cérémonie de la dédicace du syllabaire igo a été organisée dans la grande Eglise Presbytérienne du Togo dans le village dénommé Bogo. Etaient présents toutes les personnalités et forces vives du peuple Bogo : le Chef Canton Gassou IV, les chefs de village, les notables venus de tous les villages, les pasteurs du Canton et les pasteurs natifs Bogo, les catéchistes, les diacres et diaconesses, le comité de la fête traditionnelle Ɔnana, le comité chargé de l'éducation scolaire dans le Canton, les enseignants du primaire et secondaire, SIL Togo-Bénin représentée par son Directeur, M. Eric Bartels et son Adjoint Dave MacNeil et la population venue des cinq villages.

A l'issue de cette cérémonie de dédicace, un Comité Cantonal de vingt et cinq membres a été formé pour le suivi du mouvement de traduction en milieu Bogo.

Le 31 août 1992, le Comité Cantonal s'est réuni pour la première fois au domicile du Chef de Canton Gassou IV à Bogo, pour élire un Bureau du Comité et fixer les modalités pour le choix de facilitateurs en alphabétisation, soit deux par village. Ces facilitateurs volontaires suivront le tout premier cours de formation des formateurs alphabétiseurs en igo.

Telle était la composition du Bureau : M. Atsou Kano (Président), M. Goka Ekumli (Vice-Président), M. Ata Azunu (Secrétaire), M. Kofi Elolo (Secretaire Adjoint), Mme Ata Afua (Trésorière- Comptable), M. Gadagbé Moise (Trésorier Adjoint). Les autres membres du Comité Cantonal, dont les premiers responsables des églises implantées en milieu Bogo seront des conseillers du projet igo.

Du 07 au 12 septembre 1992, notre équipe de recherche linguistique a organisé un cours de formation des facilitateurs en alphabétisation dans le village d'Illogo. En tout dix-sept participants ont été formés.

Du 16 au 17 Septembre 1992, le Comité Cantonal a entrepris une tournée de sensibilisation et de mobilisation à travers tout le Canton. Nos collaborateurs ont pris part à cette tournée qui a débutée par le village de Awunadjassi et s'est achevée à Illogo en passant par les villages de Dénou, Tinipé et Bogo. Les premières classes sont ouvertes dans tous les villages entre le 05 et le 08 octobre 1992. Vingt jours après le début des classes, c'est-à-dire le 28 octobre, les enseignants ont eu leur première réunion d'évaluation. Leur rapport montrait que sur tout le Canton 123 apprenants inscrits suivaient les cours régulièrement.

Chaque semaine de formation était clôturée par une réunion d'évaluation des facilitateurs alphabétiseurs. Ces réunions avaient pour but de former les facilitateurs en cherchant des solutions aux problèmes rencontrés au cours des classes et aussi de les encourager dans l'accomplissement de leur tâche.

Le contexte sociopolitique dans le pays était dominé à l'époque par une grève générale de neuf mois. Le syllabaire n'était pas bien vendu, car les activités économiques étaient paralysées dans le Canton. Mais l'assistance aux classes était de plus en plus forte. Les fonctionnaires en grève étaient tous retournés dans leurs villages d'origine. Pour le projet igo c'était une opportunité à saisir. Le superviseur du programme d'alphabétisation et son équipe ont alors décidé de réorganiser la distribution et la vente des syllabaires, livrets d'orthographe et livrets de lecture en igo.

Ensuite, de janvier à mars 1993 tout le personnel du projet igo s'était mobilisé pour organiser un cours d'orthographe destiné aux Bogo lettrés en français, dans les cinq principaux villages du Canton. La durée de chaque cours était d'une semaine par village. Le résultat de cette opération était spectaculaire. A l'issue de cinq semaines de formation, 149 Bogo lettrés en français avaient appris à lire leur propre langue igo. Parmi les apprenants, beaucoup étaient venus de Lomé la capitale. Le reste venait des localités comme Kpalimé, Atakpamé et autres localités dans lesquelles la grève générale paralysait toute activité et que des troubles sociopolitiques poussaient chacun à rejoindre son village natal. La grève générale avait favorisé positivement les activités d'alphabétisation en igo.

Le réveil en milieu Bogo

Au cours de cette période, le Comité Cantonal va entreprendre une action qui sera déterminante pour le projet d'alphabétisation en milieu Bogo. Le Comité va tenir deux réunions importantes, le 06 février 1993 puis un mois plus tard en mars, dans le village de Dénou. La réunion tenue à Dénou a permis aux membres du Comité Cantonal présents (au nombre de 15 personnes), élargi à quelques facilitateurs d'alphabétisation, de réfléchir sur les retombées d'un programme d'alphabétisation en langue igo. Il ressort de cette réflexion que les résultats attendus d'un tel programme en milieu Bogo sont entre autres, le savoir lire et écrire la langue igo, la vraie autonomie du peuple Bogo vis à vis des autres peuples majoritaires, le peuple Bogo sera à même d'apporter sa contribution à la construction nationale, le développement socio-économique du peuple pourra démarrer, l'igo sera utilisé sur les médias audio-visuels, la traduction de la Bible en igo facilitera l'accès à la Parole de Dieu et au salut en Christ, la traduction des cantiques et de toute littérature utile au développement du peuple sera enfin possible.

Pour accomplir efficacement sa mission, le Comité Cantonal n'avait qu'une stratégie en tête, la participation de l'église locale et celle de la communauté Bogo. Elle entendait agir avec l'aide du Saint-Esprit et par la foi, intercéder pour le travail, prendre à cœur le travail, avoir des rencontres fréquentes pour rechercher les solutions au progrès du projet, travailler en étroite collaboration avec les facilitateurs alphabétiseurs et tenir avec eux au moins une réunion par mois dans chaque village à tour de rôle, soutenir par tous les moyens locaux les facilitateurs volontaires, aider les comités villageois dans leur tâche, faire des tournées périodiques de sensibilisation et de mobilisation de ressources auprès de la population des villages et fermes du Canton. Le programme d'alphabétisation est un instrument de développement. Il facilitera la résolution des problèmes cruciaux auxquels fait face le peuple. Il s'agit des problèmes sociaux à savoir : certaines maladies fréquentes dans le milieu, l'ivresse, la drogue, la débauche et les problèmes spirituels tels que la nécromancie et l'idolâtrie qui engendrent la sorcellerie.

Conscients de leurs limites, les membres du Comité Cantonal vont s'appuyer sur la prière et l'intercession pour pouvoir soulever les poids lourds des défis du peuple Bogo. Ils ont résolu de fixer une journée de prière et d'intercession en faveur du projet d'alphabétisation et de traduction en igo dans le Canton. Chaque troisième mercredi du mois est retenu pour cet événement spirituel dans les églises du Canton pendant toute la durée du projet igo. La prière du mercredi sera suivie de collectes de fonds auprès des personnes de bonne volonté pour le soutien de la traduction des Saintes Ecritures en igo et l'alphabétisation dans tout le Canton. Ce sera la contribution du peuple Bogo au projet de traduction de la Bible et l'alphabétisation en langue igo.

A cette date, une série de littératures était produite en igo, notamment : le syllabaire igo, Bogo éku (les Contes Bogo), Ijolué ni olo (les devinettes et proverbes Bogo), Anɔbi ulu ulu (Histoires Bogo), Portions de l'Evangile de Marc, manuel d'orthographe igo.

L'engouement dans les villages pour apprendre l'igo était total. On assistait à l'époque à un réveil pour la prière surtout dans les paroisses. La participation aux cultes les dimanches connaissait des records d'assistance. C'est alors qu'il s'est produit un événement qui va marquer notre village et le reste du Canton. En septembre 1999, une éminente figure traditionnelle, un devin de notre village, va accepter Jésus comme Seigneur et Sauveur par notre témoignage. Il a ensuite voulu savoir ce qu'il devait faire de ses nombreuses idoles maintenant qu'il a reçu le Seigneur. Nous lui avons donc proposé d'organiser avec son consentement, un dimanche après-midi d'évangélisation sur la place publique du village, pour mettre au feu ses fétiches, en présence de témoins et saisir l'occasion pour annoncer la Bonne Nouvelle de Jésus-Christ à tous. Le jour venu, nous avons amassé ses fétiches sur la place publique, en présence d'un grand nombre de curieux villageois. Après un temps de chants de louange et de prière à Dieu, l'Evangéliste Issifou des A/D que l'Eglise avait dépêché pour la circonstance adressa la parole biblique à l'assistance suite au témoignage du nouveau converti. Ensuite, nous avons mis le feu à l'amas de fétiches et à tout autre objet indésirable. Cet événement a semé une grande peur parmi la population ce jour. Tous s'attendaient aux représailles des esprits contre nous après cette cérémonie. Mais la protection du Seigneur Jésus-Christ était bien sur nous et sur tous ceux qui ont cru en son nom. Il y eu par la suite un souffle du Saint-Esprit sur un grand nombre de villageois qui donnèrent leur vie à Jésus-Christ, soit environ quatre vingt personnes. Une communauté chrétienne venait de naître.

Dieu parle l'igo

La traduction des Saintes Ecritures en langues igo a commencé par les livres de l'Evangile de Jésus-Christ. Ceci va permettre la publication des quatre livres : Mathieu, Marc, Luc et Jean, en un volume, en 2004. Aujourd'hui le peuple Bogo peut se réjouir, le Nouveau Testament en langue igo est désormais à la portée de chaque Ogoebi (un natif Bogo) dans la langue de son cœur. L'équipe de traduction sous la coordination d'Honorine a achevé la tâche en décembre 2013 avec la mise en pages de la traduction igo, grâce à la supervision de deux techniciens informatiques, Georges Mbeck et Brian Anderson de CABTAL (Wycliffe Cameroun) à Yaoundé. La version finale du Nouveau Testament igo est éditée en Corée du Sud pour le grand bonheur du peuple Bogo. Ce Nouveau Testament igo est dédicacé en mai 2015, le week-end des obsèques du Chef supérieur des Bogo, décédé peu de temps après l'arrivée du Nouveau Testament au port de Lomé. Lorsqu'il a appris la nouvelle, il s'est réjoui en disant : "Maintenant mon peuple peut mieux comprendre la Parole de Dieu, car elle est désormais accessible dans notre langue maternelle igo. Ce Nouveau Testament va contribuer non seulement à sauver le peuple mais aussi à sauvegarder notre langue" Le Chef supérieur des Bogo s'était lui-même donné au Seigneur avant sa mort. Un enregistrement audio du Nouveau Testament igo sera aussi réalisé.

Le chemin a été long, car le projet de traduction en igo a connu une période de ralentissement entre 1998 et 2006 faute de soutien adéquat au projet. La particularité du projet de traduction igo c'est d'être le projet de l'Eglise locale et du peuple. Il n'a pas reçu de soutien extérieur du système de financement de SIL. La seule exception c'est la contribution des amis du Père Marian Schwark de l'OCDI, qui est venue à point nommé pour redonner un bol d'oxygène à la campagne d'alphabétisation en igo.

La réalisation de cette traduction du Nouveau Testament en igo a comporté plusieurs facettes à savoir : les différentes phases de la traduction, la méthodologie de travail de l'équipe de traduction, les acteurs de la traduction du Nouveau Testament, la formation des acteurs, les conseillers en traduction.

Les phases de la traduction. La traduction du Nouveau Testament igo est passée par trois phases ponctuées par un temps de pause :

Phase 1. La traduction des quatre livres de l'Evangile de Jésus-Christ, suivie de leur publication en un volume, puis la traduction et la vérification des Actes des Apôtres et de l'Epître aux Romains.

Phase 2. La traduction des Epîtres de 1 Corinthiens à Jacques

Phase 3. La traduction des Epîtres de 1 Pierre au livre de l'Apocalypse.

La Méthodologie de travail. La méthodologie suivie par l'équipe se présente selon les étapes ci-dessus :

Etape 1. Les traducteurs font une première ébauche et la saisie.

Etape 2. La Lecture du manuscrit est faite par une équipe de relecture composée de facilitateurs d'alphabétisation pour le contrôle de l'orthographe, la clarté et le style naturel en igo.

Etape 3. Le texte corrigé est envoyé aux groupes de réviseurs dans les cinq villages du Canton. Une révision de la traduction est faite par les réviseurs de chaque village regroupés en un seul endroit.

Etape 4. Les corrections sont faites en même temps que la retraduction en français en vue de la vérification par un conseiller en traduction.

Etape 5. La vérification de la traduction est faite par un conseiller qui travaille avec une équipe de quatre personnes, dont deux réviseurs choisis à tour de rôle, deux traducteurs dont la coordinatrice du projet. A chaque séance de vérification, les membres qui prennent part à la vérification sont renouvelés autour de la coordinatrice et de l'opérateur de saisie. Les autres membres de l'équipe sont choisis parmi ceux qui ont participé à la traduction ou à la retraduction.

Les acteurs de la traduction igo. L'équipe de traduction igo comprend trois groupes d'acteurs :

Le premier groupe c'est celui des traducteurs. Il est composé de personnes qui sont formés sur les principes de traduction biblique, pour produire la première ébauche de traduction en igo. Il s'agit de, Honorine Gblem-Poidi, Azunu Atta, Agbo Kudzo, Folly-Katse Augustin, Kokou Abotsi.

Le deuxième groupe c'est le comité de lecture composé des membres du comité de langue qui maîtrise l'orthographe de l'igo et qui est chargé de la relecture et de la mise en forme des textes traduits. Ce sont : Goka Ofu, Dolagbenou Wolako, Bothe Koffi, Evouke Robert, Kodzogan Céphas, Evouke Anani, Gameti Abotsi Gabriel, Koffi Banissi.

Enfin le troisième groupe comprend les réviseurs : Il s'agit d'une équipe constituée de trois personnes par village, un responsable d'église et deux alphabétiseurs ce qui donne un total de quinze personnes en tout : Etse-Gblem Hélène, Atsu Mana Gloria, Vovomele Kayi, Bothe Koffi, Evouke Robert, Kodzogan Céphas, Evouke Anani, Gameti Augustine, Koffi Banissi, Edzetse Bertine, Agbo kudzo, Edéfoe Grâce, Folly-Katse Augustin, Rév. Séwɔnou Seth et le Rév. Douamenyo Céphas.

La formation des acteurs de la traduction. Les traducteurs ont tous reçu une formation standard de SIL sur les principes de traduction et d'exégèse. Ils ont tous travaillé sous la supervision de la coordinatrice du projet et des conseillers en traduction. Le comité de lecture a lui aussi reçu une formation sur l'orthographe de l'igo et les réviseurs une formation sur la révision de la traduction des textes bibliques. Les sessions de révision finale regroupaient tous les réviseurs des cinq villages principaux pendant une semaine tout au plus. Ces sessions offraient des occasions pour renforcer les capacités de chaque membre de l'équipe de traduction.

Les techniciens informatiques de SIL Togo-Bénin à Kara, Ayité Bonaventure et Esse Eric ont apporté leur précieuse contribution à la formation des membres de l'équipe, notamment sur le logiciel Paratext et dans d'autres domaines informatiques.

Les conseillers en traduction. Cinq conseillers en traduction biblique ont apporté leur savoir faire dans la vérification des textes du Nouveau Testament traduits en igo. Il s'agit de : Sheila Crunden, Tony Pope, Hans Hoddenbach, Antoine Yegbe, Pierre Barassounon. Ce dernier fera la vérification finale de la traduction du Nouveau Testament avec l'équipe igo à Parakou, au Nord du Bénin.

Le développement de l'igo et l'alphabétisation

La langue igo est l'outil culturel de base de la communauté Bogo, un moyen de communication, d'échange et en même temps un instrument de maîtrise des savoirs indispensables au progrès et à l'épanouissement intégral de la communauté Bogo aux côtés de son grand voisin Ewé.

Le développement de l'igo et l'alphabétisation

Le développement de la langue igo et l'alphabétisation sont des éléments essentiels favorables à l'amorce du développement du peuple et du Canton des Bogo. L'accès à l'éducation est beaucoup plus facile quand cela est fait à travers la langue maternelle igo. Il est très difficile et décourageant à la fois, d'apprendre la langue de grande diffusion que l'on ne connait pas ou que l'on connait assez-bien. C'est d'ailleurs une des raisons importantes qui justifie le taux élevé d'analphabétisme partout en Afrique. Le fait que les gens soient appelés à apprendre à lire et écrire une langue qu'ils ne parlent pas eux-mêmes dès leur enfance, est un facteur de démotivation à l'apprentissage de la lecture. Si les gens apprennent à lire leur propre langue, cela augmente le taux de réussite, car ils apprennent une langue qu'ils connaissent et qu'ils aiment.

Une fois que les Bogo sauront lire l'igo, ils auront accès à du matériel qui enseigne sur divers sujets comme, la lutte contre le VIH SIDA, Ebola, l'hygiène, et d'autres littératures sur la santé, l'agriculture, les connaissances générales du monde traduit en igo. De la littérature appropriée aux besoins du peuple Bogo pourra être développée par les apprenants Bogo eux-mêmes. La connaissance de la lecture et de l'écriture de la langue igo permet aux Bogo d'apprécier leur héritage culturel et d'affirmer leur identité.

Pour certains, apprendre à lire leur propre langue sera une porte ouverte pour apprendre une langue de grande diffusion dans le pays. Ils pourront ainsi augmenter leurs connaissances grâce à toute l'information disponible dans cette langue véhiculaire.

Apprendre à lire et écrire sa langue maternelle est très important surtout à la maternelle et au primaire. Il est donc important que l'on enseigne la langue maternelle aux enfants les trois premières années à l'école primaire. Cela stimule les enfants à apprendre à lire et écrire car c'est leur langue maternelle et ils la connaissent. Ainsi, ils pourront apprendre plus facilement les autres langues comme les langues nationales et officielles quand ils seront un peu plus grands.

Chapitre 5

La naissance de l'Association Wycliffe Togo

La traduction de la Bible dans nos langues maternelles togolaises est un don de Dieu. L'enjeu est de taille, vu que l'avenir de l'Eglise en Afrique se joue sur le terrain de la Parole proclamée. Déjà, de faux prophètes et de faux enseignants ont fait leur apparition et tentent de gagner du terrain. A ce climat spirituel est venu s'ajouté un climat sociopolitique trouble qui règne jusqu'à ce jour. Cette situation, nous le rappelons, est une conséquence du « vent de l'est [1] » de la démocratie qui a commencé à souffler sur l'Afrique francophone, depuis que la puissance coloniale française en a décidé ainsi, suite au

---

1. 'Le vent de l'est' est le conflit entre les puissances occidentales, (comme les Etats-Unis et l'Europe), et entre celles de l'orient (comme la Chine et l'Union Soviétique de l'époque).

célèbre discours de la Baule[2] du Président Français François Mitterrand.

Au début de l'année 1992, au seuil d'une grave crise sociopolitique que le Togo a connue, c'est-à-dire la 'Grève générale'[3], l'Eglise locale togolaise prend conscience des efforts fournis par les agences de traduction de la Bible dans le pays et s'engage à faire une brèche dans ce domaine du développement des langues, de la traduction des Saintes Ecritures et l'alphabétisation dans les langues maternelles togolaises.

Le 02 avril 1992, nous organisions à l'Hôtel du Golfe à Lomé, une rencontre importante regroupant des personnes ressources appartenant à douze groupes ethniques et linguistiques au Togo : Akposso, Anoufo, Bassar, Ewe, Gangam, Igo, Ifè, Kabyè, Mina, Moba, Nawdem, Tem.

Le but de cette rencontre était de partager la vision de la traduction, l'alphabétisation et la promotion des langues locales. A l'issue de la rencontre, une stratégie appropriée au contexte togolais est mise par écrit et partagée avec les partenaires proches en septembre, puis présentée à la Conférence de SIL Région Afrique, tenue à Nairobi au Kenya, en octobre de la même année.

« Si la vision tarde, attends-là »[4]

La vision reçue consistait à doter chaque groupe ethnique et linguistique au Togo et au-delà, d'un organe chargé d'élaborer une orthographe appropriée dans la langue locale, et de

---

2. C'était à la conférence de la Baule, en 1990, que le Président François Mitterrand de la France a encouragé tous les pays africains d'embrasser la démocratie et le multipartisme.
3. La grève générale lancée par l'opposition politique au Togo va durer neuf mois.
4. Habacuc 2 : 3b

la promouvoir en faisant d'elle un instrument de communication écrite, d'éducation et d'encadrement de masse, pour un développement durable du peuple qui la parle.

Ensuite, de rendre les Saintes Ecritures et par conséquent toute littérature d'édification chrétienne accessible à chaque peuple dans sa langue maternelle, afin d'accomplir ce qui est écrit par le Prophète Habacuc 2 :14 :« La terre sera remplie de la connaissance de la gloire de Dieu, comme l'eau couvre le fond des mers ».

La Stratégie adoptée consistait à bâtir en commençant par la base, en mettant en place des structures locales propres au contexte de chaque groupe ethnique et linguistique (organe local, OL), ensuite par la mise en place de structures régionales (organe régional, OR), enfin par la mise en place de la structure nationale (Association Wycliffe Togo, AWT). Les structures régionales et nationales auraient une fonction coordinatrice.

Par ailleurs, sept régions linguistiques ont été identifiées sur l'ensemble du territoire togolais, suivant un regroupement génétique des langues : Gurma A, Gurma B, Gurunsi A, Gurunsi B, Kwa, Volta-Mono et Gbe. Les statuts de la structure nationale ont été rédigés et les différentes étapes de mise en place des organes locaux élaborées.

« Le juste vivra par la foi » [5]

Huit années plus tard, en début de l'an 2000, la vision a fait son chemin au niveau de certains projets de traduction biblique. Des associations locales pour la promotion de la langue maternelle, l'alphabétisation, la traduction et la promotion des Saintes Ecritures se sont constituées. Un Groupe de Réflexion sur la mise en place de la structure nationale est constitué en 1998. Les principales figures de ce mouvement

---

5. Habacuc 2 :4b

qui ont œuvré avec le Groupe de Réflexion sont entre autre, le Professeur Lantam Seyi, Liberty Aziadekey, Dagoh Michel, Dr Konrad Dogba, Frank Gbedey, Père Marian, pour ne citer que ceux là.

Les leaders des Eglises du Conseil Chrétien du Togo (CCT) et de la Fédération des Evangéliques du Togo (FET) ont accordé leur bénédiction pour la pose des fonts baptismaux d'une association Wycliffe au Togo, en vue d'engager l'Eglise dans le mouvement de la traduction de la Bible et l'alphabétisation, pour l'édification de l'Eglise et le développement des communautés ethniques et linguistiques au Togo.

En 1999, la Vision dite 2025 a été adoptée par la grande famille des organisations Wycliffe à travers le monde. La vision 2025 vise à commencer un projet de traduction pour chaque langue encore dans le besoin d'ici l'an 2025.

Les conditions pour la formation d'une association Wycliffe pour la traduction de la Bible au Togo étaient donc réunies. L'Association Wycliffe Togo allait voir le jour au cours d'un congrès statutaire les 28 et 29 avril 2000 au Centre SIL à Lomé.

L'évolution de la vision

Le parcours du mouvement de traduction de 1992 à 2000 a été jonché d'embûches. Il fallait démolir, déraciner et rebâtir (Jérémie 1 : 10), pour que les mentalités changent dans les églises au sujet de la mission de traduction de la Bible. Le but de la rencontre du 02 avril, c'était d'abord, d'éveiller la conscience des personnes ressources locutrices des douze langues principales du pays. Ces personnes influentes appartenaient aussi à différentes dénominations chrétiennes. Elles avaient pour mission de sensibiliser et d'apporter aux leaders de leurs églises et surtout aux décideurs de leurs propres peuples, l'information utile au déclanchement d'un mouvement de la traduction de la Bible au Togo.

Le programme de la rencontre du 02 avril 1992 était élaboré en conséquence. Les grands thèmes de la traduction de la Bible étaient développés par les spécialistes de SIL à savoir : recherche linguistique (Jann Rusell), traduction (Marcel Gaser) et alphabétisation (Bob de Crane). Mais l'accent était surtout mis sur un aspect souvent marginalisé, la notion et le rôle de l'Eglise locale dans la réalisation de la traduction de la Bible dans une langue donnée (Napo Poidi).

Cette rencontre a permis de poser des bases solides en faveur du mouvement de la traduction de la Bible au Togo. Cependant il fallait réussir à convaincre les partenaires, en tout premier lieu, mes collègues membres expatriés de SIL au Togo et au Bénin, sur le bien-fondé de la vision du mouvement qui venait de naître. La collaboration de tous était indispensable à la réalisation des objectifs du mouvement de traduction de la Bible.

Sept mois s'étaient écoulés depuis cet événement. En octobre 1992, la vision du mouvement de la traduction de la Bible au Togo était enfin partagée avec le Comité Exécutif de SIL Togo-Bénin dont j'étais membre, lors de sa réunion ordinaire à Kara. Suite à cette présentation, le Directeur de SIL Togo-Bénin va envoyer un message de motivation et d'appel à tous les membres au Togo et au Bénin à adhérer à la vision du movement. Voici le contenu du message de motivation :

"A tous les membres de la Branche
Date : 14 octobre 1992

De la part de Eric Bartels, Directeur
CC : Ubukies / EC Chairman
Npoidi/ Lomé ; File

RE : Pièces jointes : Présentation sur le NBTO ref : EB/pp/92/516

"Chers Collègues,

"Mes salutations à chacun d'entre vous. Comme vous le constatez en lisant le rapport de la réunion du Comité Exécutif (EC) de SIL Togo-Bénin, Napo Poidi a fait une présentation de sa vision sur une ONTB (Organisation Nationale de Traduction de la Bible) au Togo.

"La vision présentée par Napo prend en compte la création d'associations locales pour la traduction et l'alphabétisation dans chaque langue. Les associations locales seront ensuite regroupées d'abord au niveau régional en organes régionaux et ensuite au niveau national en une structure fédérale nationale.

"Le EC a profondément apprécié la présentation de Napo et recommandé que l'Administration de SIL envoie une copie de cette présentation à chaque membre.

"Le EC a ensuite écrit une motion que voici :

> Le EC est profondément reconnaissant pour la vision que Napo a partagée. Le EC est en total accord avec Napo sur la vision en général. Le EC encourage Napo et l'Administration a poursuivre la réflexion avec d'autres nationaux et avec les membres de SIL. C'est notre désir de voir plus de nationaux possible embrasser cette vision. Le EC invite chaque membre de SIL à recevoir cette vision dans la prière pour implorer la direction du Seigneur pour sa réalisation.

"Suite à ce qui précède, j'ai le plaisir de vous envoyer en pièce jointe, la présentation de la vision du mouvement de traduction de la Bible au EC. Je vous encourage à la lire dans la prière et vous sentir libre d'approcher Napo pour lui poser toute question que vous aurez à ce sujet, tout en considérant le rôle que vous pourrez jouer dans la réalisation de cette vision.

Bien à vous en Christ,

Eric.

"Ci-dessous, vous trouverez la présentation de la vision du mouvement de la traduction de la Bible que Napo à faite au Comité Exécutif (EC) de SIL Togo-Bénin :

"Monsieur le Président du Comité Exécutif de SIL Togo-Bénin,

Messieurs les membres du Comité Exécutif de SIL Togo-Bénin,

Chers collègues,

> « Lorsqu'il n'y a pas de révélation prophétique,
> Un peuple vit dans le désordre.
> Heureux alors est l'homme qui obéit à la loi de Dieu. » (Proverbes 29 : 18 - BFC)

"Le samedi 04 janvier 1992, le peuple Bassar recevait son Nouveau Testament. Gloire à Dieu !

"Pour la Branche SIL Togo-Bénin, c'est le premier Nouveau Testament de son histoire. Quant à SIL en général, c'est un Nouveau Testament de plus, une autre dédicace et des articles par-ci et par-là. Mais, vous consentez avec moi que cela ne peut pas être tout pour ce qui est du ministère de la traduction de la Bible auquel nous sommes appelés, au milieu des peuples d'Afrique.

"En effet, en venant à Wycliffe, puis à SIL, nous avons tous reçu de la part de notre Seigneur Jésus-Christ l'appel et la vision de donner à au moins "un peuple sans Bible", la Parole de Dieu dans la langue qu'il comprend le mieux. Mais avoir une vision, même venant de Dieu n'est pas suffisant. Il faut aussi comprendre la signification de cette vision et agir en conséquence pour sauver le peuple.

"En Egypte, Pharaon avait lui aussi eu une vision venant de Dieu. Il en était de même du roi Nebucadnetsar de Babylone.

Dans l'un et dans l'autre cas, ce n'était pas assez d'avoir une vision venant de Dieu, il fallait comprendre non seulement la vision, mais aussi la stratégie divine appropriée pour l'accomplissement de la vision reçue (Genèse 41 :25 ; Daniel 2,4).

"Dans les deux cas ci-dessus cités, il a fallu aller à la recherche d'hommes de Dieu, Joseph et Daniel, ayant l'Esprit de Dieu, capables de comprendre et d'interpréter la vision et de recevoir de Dieu la stratégie à suivre. Cet Esprit, notre Seigneur Jésus-Christ l'a répandu abondamment dans nos coeurs (Tite 3, 6-7), pour comprendre toute vision biblique en l'occurence celle relative à la traduction de la Bible, et pour recevoir la stratégie adaptée aux situations concernées. C'est donc par le foi en Jésus-Christ, que je partage avec vous cette nouvelle orientation pour la SIL.

"La Bible a été écrite pour notre instruction. Pour comprendre toute vision divine, il faut l'analyser à la lumière de la Bible elle-même. L'Eglise vit aujourd'hui dans le monde comme dans deux boîtes représentant l'Egypte et la Babylone. Au centre de ces deux principales étapes qui ont marqué la vie du peuple de Dieu, nous retrouvons le minsitrère de la traduction et de la diffusion de la Parole de Dieu, symbolisée par :

1. La mission de Joseph en Egypte à savoir, pourvoir au besoin nutritionnel du peuple face à la famine, et permettre à Dieu de faire de Jacob une grande nation à Gochên. Puis la mission de Moise, de l'Egypte à la terre promise.
2. La mission de Daniel, Josué, Zorobabel, Esther, Edzra, Nehémie, qui a abouti au retour du peuple de Dieu dans la terre promise et la restauration du temple de Jérusalem puis de la muraille de la ville.

"Cette vision du ministère de la Parole de Dieu ne saurait être appliquée aujourd'hui, à toutes les situations prises globalement. Il va falloir identifier les différents courants de développement du peuple de Dieu, l'Eglise, au niveau de chaque continent, de chaque région et sous-région, de chaque pays et de chaque groupe ethnique et linguistique, dont les temps et les bornes des demeures ont été fixés par Dieu, conformément à sa Parole, en vue de la révélation de son Fils à tout homme. En d'autres termes, nous devons entrer dans la vision que Dieu lui-même a du ministère que nous avons le privilège et la responsabilité d'exercer (Ps 2, 8 Mat 24, 14 Actes 17, 26-31, Apoc 5).

"Quand nous suivons de près le cheminement de Oncle Cam (Williams Cameron Townsend), c'est exactement ce qu'il fit. Il laissa de côté sa vision de l'état-nation, le Guatemala, et de la langue espagnol comme langue du Guatemala, pour considérer la situation particulière d'une tribu indienne, le peuple Kakchikel et sa langue maternelle. Il est indéniable que l'Eglise et le peuple du Guatémala avait un grand besoin du ministère de colportage de Bible en espagnol que William Cameron Townsend exerçait. Il visait à rendre les Saintes Ecritures accessibles au peuple Guatémaltèque. Cependant, la situation globale de ce pays ne correspondait pas à la situation particulière du peuple indien en question. L'Eglise n'était pas encore implantée au sein de la nation Kakchikel. Ce fait explique bien le ministère que Oncle Cam a accompli dans ce milieu. Cependant, on ne saurait dupliquer ce ministère, accompli a une époque donnée et dans un contexte donné, à toutes les situations sans discernement préalable.

"Ainsi, le repère du ministère de la traduction de la Bible c'est l'Eglise locale dont il faut bien comprendre la notion. L'Eglise locale diffère, de part sa composition et sa maturité, suivant les groupes ethniques et linguistiques au sein d'un même pays ou continent. Dans tous les cas, la notion d'Eglise locale dépasse le cadre d'une dénomination chrétienne pour embrasser l'ensemble du Corps de Christ dans sa diversité doctrinale et ecclésiastique implanté dans une communauté ethnique et linguistique donnée. (Mat 28 : 19-20)

"En Afrique, il est aujoud'hui très rare de trouver encore un peuple sans la présence de chrétiens ou d'une église. Au sein de certains groupes ethniques et linguistiques, l'Eglise locale est encore très petite. Elle est comme la famille de Jacob en Egypte des Pharaons. Elle a besoin de la nourriture spirituelle pour grandir. Il lui faut aussi gagner un space comme Goshên spirituel pour s'épanouir. Dans ce cas de figure, ce sont des serviteurs comme Joseph et plus tard Moise, Josué et Caleb qu'il faut, pour son affrachissement de l'Egypte et son entrée dans la terre promise, Canaan.

"Tandis qu'au sein d'autres groupes ethniques et linguistiques, l'Eglise locale s'est accrue et on a une forte influence de celle-ci sur son environnement à tel point qu'on pourrait même parler de "groupe ethnique chrétien". Mais à cause du péché en son sein, l'Eglise locale a besoin d'être puritifée et retourner à la lumière de la Parole de Dieu. L'Eglise est dans ce cas de figure en exile à Babylone. Il faut les ministères des hommes de Dieu comme Jérémie, Daniel, Josué, Zorobabel, Esther, Esdras et Néhémie pour ramener le peuple à Dieu et à la Parole de son Fils Jésus-Christ. Ici les bâtisseurs et les prophètes travaillent ensemble (Jér 1. Ezdras 1, 5 5,2, 6,14 ; Agée 2,4 ; Zacharie 4,6-7 ; Eph. 4,11 ; 1Cor. 12)

"De façon concrète, tout ceci se traduit par une mise en place de structures appropriées, sous forme de ministères locaux autonomes chargés de la traduction de la Bible, de l'alphabétisation et de la promotion d'une authentique civilisation évangélique au sein de chaque groupe ethnique et linguistique.

"Au niveau d'un pays comme le Togo, ces ministères locaux autonomes seront coiffés par des organes régionaux chargés des questions d'intérêt commun. Puis par un ministère national fédéral, une association Wycliffe chargée de la traduction de la Bible, de l'alphabétisation et de l'extension à l'échelle national de l'influence du témoignage évangélique. (Matthieu 5)

"A l'échelle continentale, l'application de cette stratégie impliquerait une restructuration de chaque ONTB déjà établi et une redéfinition de sa relation avec la SIL, suivant leur mission respective dans un même pays.

"Ce profil à l'échelle locale, régionale et nationale présenté dans ces grandes lignes nous donne la stratégie appropriée à la vision biblique de la traduction des Saintes Ecritures dans notre contexte aujourd'hui. Le profil est conçu en vue de la double finalité du ministère de la traduction de la Bible à savoir :

1. Contribuer à l'édification spirituelle de l'Eglise appelée du milieu de chaque peuple et au témoignage chrétien effectif par l'expansion des Saintes Ecritures en langues maternelles.
2. Revaloriser la culture de base des peuples par la recherche linguistique, la dotation d'une écriture propre à chaque langue et l'application des recherches aux différents aspects de la vie sociale de ces peuples "

Cette présentation de la vision constituait une étape importante pour le mouvement de la traduction de la Bible au Togo et au Bénin.

Mais tout n'était pas gagné d'avance. Le développement du mouvement vers la formation d'une association Wycliffe devait passer par plusieurs phases dont, la constitution d'un groupe de réflexion sur la création d'une organisation pour la traduction de la Bible et l'alphabétisation, la sensibilisation des leaders des églises et missions au Togo, la constitution d'un organe des sages de l'Eglise au Togo, la rédaction d'un projet de statuts adaptés aux organisations Wycliffe, l'organisation d'un congrès statutaire pour désigner les organes dirigeants de l'association, l'engagement de la procédure de reconnaissance officielle de l'Association Wycliffe Togo par l'Etat togolais.

En 1992, Monsieur Pierre Guy, Président du Conseil d'Administration de Wycliffe France nous accorde son expertise pour la rédaction du projet de statuts de l'Association Wycliffe

Togo. Le Groupe de Réflexion passera ces statuts au peigne fin à partir de 1998. Puis ils seront révisés par chaque Eglise partenaire de l'association en gestation, pour aboutir à la mouture finale du projet des statuts de l'Association Wycliffe Togo, présentée au congrès statutaire.

Le congrès statutaire

Au lendemain de la célébration des 40 ans d'indépendance du Togo, le 28 avril 2000 se tenait enfin le congrès statutaire, en vue de la création de l'association Wycliffe pour la traduction de la Bible et l'alphabétisation au Togo, les 28 et 29 avril 2000. L'invité d'honneur du congrès était une éminente personnalité, M. David Cummings, Président sortant de Wycliffe International à l'époque. Il avait pris la direction de Wycliffe dans son propre pays l'Australie. A cette période, M. Cummings était en visite en Afrique, plus particulièrement au Tchad auprès de son fils missionnaire. Il avait accepté notre invitation à venir à Lomé pour faire une communication sur les organisations Wycliffe, lors du congrès statutaire de la toute première association Wycliffe en Afrique. Précisons qu'il existait déjà une organisation Wycliffe en Afrique du Sud à l'époque. Mais celle-ci était rattachée à la Région Europe à cause de l'apartheid ou encore la ségrégation raciale qui séparait tout ce qui est blanc de tout ce qui est noir dans ce pays de Nelson Mandela.

Le choix de David Cummings ex-Président de Wycliffe International était soutenu par la Directrice de SIL Togo-Bénin à l'époque, Madame Margrit Kuratli. Car nous souhaitions tous que l'association qui allait naître porte en elle l'ADN de la mission Wycliffe et non l'ADN de SIL. Notre attente ne sera pas déçue. La communication du Président Cummings avait apporté toute la lumière sur les organisations Wycliffe.

M. Cummings devait ensuite continuer sa route à Cotonou où nous le conduisîmes pour rencontrer Barnabé et Eliane

Mensah et les responsables d'églises du Bénin, au sujet de la création d'une autre association Wycliffe.

Le Groupe de Réflexion qui était chargé de promouvoir l'Association Wycliffe au Togo avait fait un excellent travail de partage de la vision pendant plus de deux ans, avec les leaders des églises des deux Fédérations d'églises à l'époque, entre 1998 et 2000. Pendant pratiquement deux ans donc, ce Groupe de Réflexion s'était réuni une fois par semaine, d'abord dans l'appartement où notre famille habitait au centre de SIL à Lomé, ensuite dans la maison de Michel et Florence Dagoh au quartier Kégué dans une banlieue de Lomé, pour éviter toute confusion avec SIL Togo-Bénin. Ces précotions étaient prises dans le seul but de donner une légitimité togolaise au mouvement de la traduction de la Bible qui allait conduire à la création de l'Association Wycliffe Togo. Le Groupe de Réflexion était composé de plusieurs personnes venant de différents horizons, églises, langues et professions. Leur travail avait permis aux leaders de l'Eglise au Togo, y compris l'Eglise Catholique et en particulier la Société du Verbe Divin (SVD) et l'OCDI représenté par son Directeur le Père Marian Schwark, de s'approprier la vision de la traduction de la Bible. Quand bien même le mouvement de la traduction de la Bible était Evangélique, la vision de rendre la Bible accessible à chaque peuple dans sa langue maternelle avait uni le Corps de Christ dans toutes ses composantes au Togo. Ainsi, le mouvement de la traduction de la Bible s'était positionné comme une composante du 'Mouvement de Dieu' qui appelle le Corps de Christ autour de la table que Dieu a dressée pour partager le repas divin de sa Parole traduite en langues maternelles.

Cette mobilisation des leaders des églises était la clé pour la naissance de l'Association Wycliffe Togo. Chaque Eglise et Institution représentées au Congrès statutaire du 28 au 29 avril 2000 devait envoyer trois délégués et non des moindres. L'orateur choisi pour la circonstance était le Révérend Pasteur Tomtania Jeoffree du Temple du Calvaire à Lomé. Le texte biblique qui a servi de base au message de l'orateur était tiré de l'Evangile de Matthieu 9 : 37-38. "Alors il dit à ses disciples : La moisson est grande, mais il y a peu d'ouvriers. Priez donc le Seigneur de la moisson d'envoyer des ouvriers dans sa moisson".

A l'issue du congrès statutaire, un Conseil d'Administration de onze membres représentant les églises et institutions différentes a été mis en place. A sa tête un président en la personne du Dr Konrad Dogba. Leur mission était celle des ambassadeurs envoyés dans Wycliffe Togo, par leurs églises respectives au sein du Conseil Chrétien et de la Fédération des Evangéliques (FET), par les GBUST, les Ministères des femmes au Togo, la SIL Togo-Bénin, l'Association des Traducteurs de Langues Maternelles (ATBLT) et par l'Alliance Biblique du Togo. Ils étaient de différents corps de métiers et d'expertises utiles au bon fonctionnement de l'Association Wycliffe Togo. Un Bureau Exécutif de six membres ayant à sa tête un Directeur en ma modeste personne, sera aussi mis en place quelques jours après le congrès statutaire. Ainsi depuis sa base, la structure de l'Association Wycliffe Togo était conçue pour répondre à la vision de mobilisation de l'Eglise locale dans toutes ses composantes, pour la réalisation de la traduction de la Bible au Togo et ailleurs en Afrique.

Le développement du partenariat

La clé de la pérennité du mouvement que devait promouvoir l'Association Wycliffe Togo c'était l'engagement des églises locales. Très tôt celles-ci l'avaient bien compris. Elles vont s'organiser en conséquence afin de donner à la jeune Association Wycliffe Togo l'occasion de se faire connaître au sein de chacune d'entre elle. Pour cela, elles ont planifié une semaine missionnaire dans chaque dénomination chrétienne à tour de rôle en faveur de l'Association. Ce programme va commencer par le Temple du Calvaire, l'Eglise locale de l'orateur du congrès statutaire de Wycliffe Togo, le Rév. Jeoffree

Tomtania, dans le compte des Assemblées de Dieu du Togo, puis viendra le tour de l'Eglise de Pentécôte du Togo, ensuite la Convention Baptiste du Togo et ainsi de suite.

La première semaine missionnaire avait permis à l'Association Wycliffe Togo d'animer des réunions avec les hommes, les femmes, les jeunes et enfin avec toute l'église du Temple du Cavaire. Une collecte spontanée et volontaire de fonds en faveur de Wycliffe Togo avait été faite, dont le montant s'élevait à 89 000 F CFA, sans compter la contribution financière au budget de l'Associaiton qui devait revenir à chaque dénomination. Cette offrande constituera les tous premiers fonds encaisés par l'Association pour son fonctionnement.

Cette contribution financière d'une église locale togolaise pour le soutien du mouvement de la traduction de la Bible, laissait entrevoir les contributions en ressources humaines et spirituelles, aussi bien que l'utilisation des traductions futures dans l'Eglise. Pour nous, c'était un signe prophétique de taille. Le soutien de l'Eglise est la clé du succès. Ce soutien est comparable à l'offrande de la veuve au Temple de Jérusalem devant notre Seigneur Jésus-Christ (Marc 12 : 41). Elle venait d'un coeur généreux, sans contrainte, mais très appréciée par le Seigneur. Désormais, l'Eglise locale va prendre le devant pour soutenir la réalisation de la traduction de la Bible au Togo, gage de l'utilisation des traductions en langues maternelles, en vue de la transformation des communautés bénéficiaires.

Malheureusement, notre naïveté ne nous avait pas permis de réaliser très vite l'impact profond de dépendance que le soutien des missions occidentales à l'Afrique a eu sur l'Eglise locale. L'élan d'engagement que le Saint-Esprit avait suscité dans l'Eglise locale togolaise va très vite se refroidir avec la complicité de ceux qui voyaient d'un mauvais oeil la naissance d'une association Wycliffe au Togo et ailleurs en Afrique. La stratégie pour freiner cet élan était la confusion semée au sein des organes dirigeants de l'Association sur sa stratégie qui apparaissait comme opposé à tout soutien venant de l'extérieur, ce qui n'était pas exact. En réalité, il s'agissait de promouvoir le développement du partenariat interne en premier lieu. Les pionniers rêvaient de voir une Eglise locale missionnaire et responsable, capable de changer la dépendance en partenariat. Ils espéraient que ce changement commencerait par les membres des organes de l'Association Wycliffe Togo, ensuite toucherait les églises et institutions d'orígne des membres des deux organes (CA et BE) de l'Association, avant de gagner l'ensemble du Togo et puis aller à l'extérieur du pays ; selon l'expression du sage indien Gandhi : "Soyez le changement que vous voulez dans le monde".

Mais comme le dit l'adage : "L'habitude est une seconde nature". Ce changement va se faire attendre. Le charme de la dépendance financière externe va inhiber tous les efforts déployés par le Groupe de Réflexion pour amener l'Eglise locale togolaise à participer à la réalisation de la traduction de la Bible au Togo. Le programme des semaines missionnaires lancées par les églises locales pour soutenir l'Association dans sa mission de traduction de la Bible et l'alphabétisation sera tout simplement mis aux oubliettes. L'élan de mobilisation de ressources au sein de l'Eglise togolaise pour le soutien du mouvement de la traduction est peu à peu vidée de sa substance. "L'Envoi de Dieu" par la traduction de la Bible est réduit à "l'envoi de fonds externes" pour la réalisation des projets de traduction et pour le soutien au mouvement.

En effet, "l'Envoi de Dieu" [6] se fait au travers de l'Eglise, là où elle se trouve, et celle-ci pourvoit au besoin de son oeuvre, selon 1 Corintihiens 9 : 7-12 "Qui donc sert jamais dans une armée à ses propres frais ? Qui plante une vigne et n'en mange pas le fruit ? Qui fait paître un troupeau et ne se nourrit pas du lait du troupeau ? Est-ce en homme que je parle ainsi ? La loi aussi ne le dit-elle pas ? Car il est écrit dans la loi de Moïse :

---

6. "L'Envoi de Dieu" est la traduction française de l'expression "*Missio Dei*" en latin. L'expression est utilisée pour la première fois par le Missiologue Allemand Karl Hartensein. Pour lui, la seule réponse possible à l'Envoi de Dieu comme Mouvement de Dieu dans l'histoire, c'est l'obéissance de l'Eglise.

Tu n'emmuselleras pas le bœuf quand il foule le grain. Dieu se met-il en peine des bœufs, ou parle-t-il uniquement à cause de nous ? Oui, c'est à cause de nous que cela fut écrit ; celui qui laboure doit labourer avec espérance, et celui qui foule le grain, fouler avec l'espérance d'y avoir part. Si nous avons semé pour vous les biens spirituels, est-ce excessif que nous moissonnions vos biens matériels ? Si d'autres jouissent de ce droit sur vous, n'est-ce pas plutôt à nous d'en jouir ? Mais nous n'avons pas usé de ce droit ; au contraire, nous supportons tout, afin de ne pas créer d'obstacle à l'Évangile de Christ. »

Ainsi, ce n'est pas excessif de demander à l'Eglise locale africaine de soutenir financièrement et matériellement la réalisation de la traduction de la Bible et l'alphabétisation dans les langues maternelles africaines. Après tout, l'Eglise africaine est là pour les communautés africaines et les communautés africaines sont là pour l'Eglise africaine.

Mais à qui obéir, Dieu ou les hommes ?

La naissance d'une association Wycliffe au Togo avait surpris plus d'un. Jusque là l'Afrique était considéré comme un champ de mission uniquement réservé à SIL et non à Wycliffe. L'Occident était la seule terre d'envoi des missionnaires traducteurs. Aller à l'encontre de cette ligne de pensée était perçu comme une rébellion. Ainsi notre action qui avait conduit à la naissance de l'Association Wycliffe Togo n'était pas bien appréciée par tous. La filiale SIL Togo-Bénin avait pris suffisamment de risques en permettant l'émergence de la mission Wycliffe au Togo. Il fallait arrêter ce mouvement à tout prix et éviter qu'une deuxième organisation Wycliffe naisse au Bénin. Car la ligne de pensée officielle était celle d'un mouvement de la traduction de la Bible qui prone la création d'une seule structure pour toute l'Afrique, une structure dénommée Wycliffe Afrique. L'inquiétude commençait à gagner les dirigeants de la toute jeune organisation Wycliffe Togo. Les craintes venaient de deux sources : la menace d'un retrait de l'autorisation à utiliser le nom "Wycliffe" par l'association togolaise et le fait que l'ex-Président, David Cummings n'était en fait pas un délégué officiel de Wycliffe International au congrès statutaire de Wycliffe Togo. On commençait à parler de l'Association Wycliffe Togo comme d'un enfant non désiré.

Convaincre à tout prix

> « Connaissant donc la crainte du Seigneur, nous cherchons à convaincre les hommes et, devant Dieu, nous sommes pleinement à découvert. J'espère être aussi pleinement à découvert dans vos consciences » (2 Corinthiens 5 :11).

Face à l'opposition, nous aussi nous cherchions à convaincre toute personne qui voulait nous écouter. Les acteurs de l'Association Wycliffe Togo se lancèrent dans une opération d'information et d'explication de leur vision. La communication sur la vision que nous avions faite au Comité Exécutif de SIL Togo-Bénin et à la conférence de SIL Afrique à Nairobi en octobre 1992 était multipliée et distribuée. Une nouvelle communication est adressée aux premiers leaders de Wycliffe Afrique et de SIL. Notre communication était la suivante :

> "Au Dr John Bendor Samuel, Directeur, Wycliffe Africa
>
> De la part de Napo Jérémie Poidi, Directeur, Wycliffe Togo
>
> CC : Dr John Watters, Directeur Exécutif de Wycliffe International et SIL International ; Rév. Dick Hugoniot, Président de WBTI ; Dr Konrad Dogba, Président du CA de Wycliffe Togo ; les membres

du Bureau Exécutif de Wycliffe Togo ; les leaders d'Eglises au Togo,

Date : 7 mars 2002

"Cher John

Parmi les grandes résolutions de la dernière Convention de Wycliffe International et la Conférence de SIL International à Waxhaw (USA), il y a celle qui reconnait que la Traduction de la Bible est la responsabilité de toute l'Eglise dans le monde. Cependant, cette reconnaissance serait insuffisante, si l'Eglise dans les quatre coins de la terre ne prend pas ses responsabilités vis à vis de la Traduction de la Bible.

"Mais comment l'Eglise en Afrique prendrait-elle ses responsabilités, sans une compréhension appropriée de la Vision de la Traduction de la Bible ? Comment l'Eglise dans chaque pays africain comprendrait-elle si personne n'est envoyé vers elle pour la servir ? Et comment quelqu'un pourrait-il servir l'Eglise locale si une association Wycliffe n'est pas établie en bon et due forme dans chaque pays ?

"En avril 2000, le Président sortant de Wycliffe International, David Cummings, était venu au Togo. C'était pour faire une communication dans le cadre du congrès statutaire qui devait conduire à l'établissement de l'Association Wycliffe Togo. Nous croyons que l'Association Wycliffe Togo est née au bon moment, selon la volonté de Dieu pour sa gloire. Nous louons le Seigneur pour la décision récente du Directeur Exécutif de Wycliffe et SIL International, Dr John Watters, d'octroyer l'Accréditation à notre Association. Fort heureusement, à la même période, le Gouvernement Togolais a accordé le récépissé de reconnaissance officielle de l'Association Wycliffe Togo comme une association à but non lucratif au Togo.

"Au 14è siècle, John Wycliffe (de qui nous tenons le nom "Wycliffe") fut la première personne à saisir de façon effective la vision de la traduction de la Bible dans sa langue maternelle l'anglais. Il avait traduit la Bible en anglais à partir de la version latine existante, au grand bonheur de l'homme de la rue.

"De même, au sein de l'Organisation Wycliffe et SIL International, nous croyons, que le vrai bonheur de l'homme se trouve dans la compréhension et l'obéissance à la Parole de Dieu, selon le livre des Psaumes 1 : 2-3 .

"Pour nous, une Association Wycliffe en Afrique, comme Wycliffe Togo, est comme un arbre qui pousse au bord d'un ruisseau. Cet arbre peut pousser dans chaque pays sans exception, en Afrique, mais aussi en Asie, au Pacifique, tout comme il a poussé en Amérique et en Europe. Les racines de l'arbre sont les églises dans le pays. Les racines pénètrent jusque dans la nappe souteraine. Celle-ci symbolise la Parole de Dieu. Le tronc de l'arbre symbolise le ministère de l'Association Wycliffe Togo au sein des églises locales, mais aussi c'est l'instrument de l'Eglise au service des communautés ethniques et linguistiques.

"Les retombées de ce ministère d'une l'Association Wycliffe c'est la contribution à l'unité de l'Eglise dans le pays d'une part. D'autre part, c'est l'éducation, c'est-à-dire l'apport des informations utiles à l'Eglise afin de l'équiper pour son engagement dans la Mission de Dieu. L'impact sera la motivation et l'implication effective de l'Eglise locale dans l'oeuvre de Dieu en général. Ainsi, le ministère de la Traduction de la Bible va au-delà de la traduction du Livre.

"Cependant, on peut se demander quelle place la SIL occupe dans les pays où elle travaille ? En effet, la SIL est une branche de 'l'arbre Wycliffe'. C'est la branche de la recherche et la pratique de la traduction. Les autres branches de 'l'arbre Wycliffe' sont les domaines des Ressources Humaines, Ressources Spirituelles, Financières et Matérielles. Les groupes ethniques et linguistiques sont repésentés par les feuilles.

"Dans la nature, il y a de grands arbres et de petits arbres. Il en est de même de 'l'arbre Wycliffe'. Mais, ce qui importe c'est que chaque arbre porte des fruits, qu'ils soient gros ou petits.

"La croissance de 'l'arbre Wycliffe' au Togo dépend de Dieu seul. Notre responsabilité c'est de planter et d'arroser jour et nuit, à travers nos prières et nos programmes avec les églises, mais aussi avec les autres organisations Wycliffe en Occident, avec les ONTB, SIL et les autres partenaires.

"Nous vous remercions pour votre collaboration fraternelle en Christ, vos prières et votre soutien accordé à notre jeune Associaiton Wycliffe Togo. Notre gratitude va à Wycliffe USA, Wycliffe Suisse et Jaars pour la récente visite de leurs émissaires au Togo.

"Que le Seigneur bénisse WBTI et SIL International dans leur marche dans l'amour et l'unité, pour la Traduction de la Bible, avec la collaboration de l'Eglise locale sur le Continent Africain.

Très haute considération.

Napo"

Une visite surprise

Cette communication va faire mouche. Le 02 avril 2003, arrivait à Lomé, le nouveau Président de Wycliffe International, le Révérend Dick Hugoniot, pour une visite de trois jours, en vue de constater par lui-même ce qui se passait avec l'Association Wycliffe Togo. Pour la jeune association Wycliffe Togo c'était un grand honneur. Pendant trois jours, le Révérend Hugoniot a eu tour à tour des rencontres de travail fructueuses et fraternelles avec les leaders des Eglises, le Conseil d'Administration présidé par le Dr Konrad Dogba et le Bureau Exécutif de Wycliffe Togo. Il sera ensuite conduit pour participer aux conventions de Pâques 2003 de certaines églises. Notamment la convention annuelle des pasteurs et diacres de la Convention Baptiste du Togo, réunis à Kpékplémé (Préfecture de l'Est Mono) le 03 avril et la rencontre du groupe des jeunes intercesseurs de Wycliffe Togo. Le matin du 04 avril, le Révérend Hugoniot a pu participer à la convention de Pâques de l'Eglise des Assemblées de Dieu du Togo à Kpomégan (Préfecture de Hahotoé) et puis visiter le Bateau Anastasia Mercy Ships qui mouillait les eaux du Togo depuis déjà deux mois.

A l'issue de sa visite au Togo, le Révérend Dick Hugoniot, Président de Wycliffe International tire la conclusion le 05 avril avant son départ que la vision et la naissance de l'Association Wycliffe Togo venaient de Dieu. Par conséquent, il a exhorté les acteurs de l'association à avancer en gardant toujours les regards fixés sur Jésus-Christ le bon Berger. Il a ensuite encouragé l'Eglise locale et les organes dirigeants de Wycliffe Togo a se rendre entièrement disponibles entre les mains de Dieu pour sa mission.

C'est donc ainsi que Wycliffe International, par la voix de son Président, a reconnu Wycliffe Togo et encouragé l'Eglise togolaise à participer à la réalisation de la vision 2025. Plusieurs témoignages personnels de leaders d'Eglises, notamment du Révérend Créppy Klozégbe, Président de la Conférence des Eglises Méthodistes du Togo ; le témoignage du Révérend Akponou Milénovissi, Président de l'Eglise de Pentecôte du Togo ; celui du Révérend Anani Kodjovi Gaston Secrétaire Général des A/D Togo ; mais aussi le témoignage du Dr Konrad Dogba, Président du Conseil d'Administration de Wycliffe Togo, contribuèrent à convaincre le Révérend Hugoniot que ce qui se passait au Togo était vraiment l'oeuvre de Dieu. Considérons ci-dessous un des témoignages :

"Mon appel à Wycliffe Togo [7]

"Un après-midi de juin 1984, je me trouvais au Consulat Suisse à Londres en vue d'obtenir un visa pour la Suisse où je devais rencontrer quelques responsables de l'Organisation Mondiale de la Santé à Genève. Grande était ma surprise de rencontrer à ce Consulat, Monsieur Napo Jérémie Poidi, un ancien étudiant qui, quelques années auparavant, suivait mes cours de Biologie animale à l'Université du Bénin (aujourd'hui Université de Lomé). Que fais-tu ici Monsieur Poidi ? Lui demandai-je. Sa réponse était la suivante : "Je viens de terminer ma formation en linguistique et je vais à Genève au sujet de la traduction de la Bible dans nos langues maternelles." Pourquoi la traduction de la Bible ? Lui demandai-je. "Le Seigneur m'a appelé pour l'oeuvre de la traduction de la Bible dans ma langue maternelle". Cette réponse m'a presque foudroyé et aussi bien dans l'avion qui me transporta de Londres à Genève que dans l'appareil qui me ramena de Genève à Accra, je n'ai pas cessé de méditer cette réponse. Voici les idées qui parcouraient ma tête : un ancien étudiant à qui le Seigneur parle et lui confie une tâche spéciale... Et toi qui a été professeur de ce jeune homme, que fais-tu ou ne veux-tu rien faire pour le Seigneur ? Mais, selon un dicton populaire, rien n'est tard si la vie se prolonge. C'est ainsi qu'en 1996, soit

---

7. *Le Traducteur - Les langues au service du développement*
— Bulletin d'échange de l'Association Wycliffe Togo, No 001, janvier 2004.

12 ans après cette rencontre, M. Poidi vint me demander à Lomé dans mon bureau, si je voulais faire partie d'un groupe de réflexion dont le but est de voir comment aider à traduire la Bible dans les langues du Togo. J'ai accepté cette proposition et j'ai intégré le groupe qui se réunissait une fois par semaine dans la maison de M. Dagoh Michel, alors Secrétaire Général du Ministre des Affaires Etrangères et de la Coopération. Au cours de nos rencontres, nous priions et visionnions des films sur la traduction de la Bible.

L'appétit vient en mangeant, dit-on. Ces rencontres m'ont fait prendre goût et un ardent désir est né en moi d'appartenir à un groupe de traduction de la Bible. En parcourant la littérature chrétienne, la lumière sur la traduction de la Bible m'éclairait de plus en plus : Pourquoi traduire la Bible ?

La Bible, la Parole de Dieu est une lumière (Psaumes 119). Elle seule peut rencontrer les besoins spirituels de tout homme, toute femme et tout enfant. C'est elle seule qui peut montrer la voie du salut et la croissance en Jésus-Christ. Mais avant que la Parole de Dieu n'éclaire une vie, les gens doivent pouvoir la lire dans la langue de leur coeur, celle qu'ils comprennent le mieux. Dans les régions où la Bible n'est pas traduite dans les langues locales, les habitants pensent que Dieu ne parle pas leur langue. C'est pourquoi pour moi, chacun a le droit de lire la Bible dans sa langue. Aucun groupe ne devrait être considéré comme atteint par l'Evangile tant que les Ecritures n'ont pas été traduites dans sa langue. Elles constituent le fondement pour établir une communauté chrétienne viable, capable de réfléchir et de vivre en conséquence. Une dame de nationalité péruvienne s'exclama un jour. Y a-t-il quelqu'un qui puisse apprendre ma langue et nous donner les messages que nous pouvons facilement comprendre, lorsqu'elle a entendu lire la Bible dans une langue apparentée à la leur. Sans la Bible dans sa langue maternelle, elle n'est pas capable de comprendre les histoires bibliques qu'elle entend de quelqu'un d'autre. Dieu peut donc utiliser la traduction de la Bible pour attirer vers lui cette femme ou d'autres personnes comme elle. Je soutiens donc cette vision qui veut que tout peuple puisse avoir accès à la Bible dans la langue de son coeur, celle qu'il comprend le mieux." (Dr Konrad Dogba, Président du Conseil d'Administration de Wycliffe Togo).

Par ces témoignages vibrants et les résultats concrets produits par le mouvement de la traduction de la Bible au Togo, la jeune Association Wycliffe Togo se consolidait peu à peu. Elle sera officiellement reconnue par l'Etat togolais en 2002 et acceptée comme membre dans la grande famille des Organisations Wycliffe Alliance Mondiale la même année.

L'appel lancé par John Agama à Wycliffe Angleterre dans les années 1950, pour la traduction de la Bible dans les langues africaines, était en fait un double appel. Oncle Agama s'adressait aussi à l'Eglise locale africaine, l'invitant à participer à l'extension de "l'Envoi de Dieu" au sein de chaque groupe ethnique et linguistique en Afrique, par son soutien à la traduction de la Bible dans les langues maternelles, avec la force qu'elle a.

Au Togo, l'appel de Oncle John Agama a été entendu. Certes les commencements sont faibles, mais le succès est avec Dieu. Il faut rendre un tribut à l'Eglise locale togolaise pour tous les efforts fournis dans son engagement pour la traduction de la Bible en langues maternelles au Togo et au delà. En une decennie, l'Eglise locale, à travers son "bras" Wycliffe Togo, a fait un parcours louable en menant plusieurs actions, notamment :

L'éveil de la conscience du peuple de Dieu au Togo sur la nécessité de se mettre à l'écoute de la Parole de Dieu dans nos langues maternelles.

La promotion et le développement des partenariats avec les églises et les autres institutions en vue de la traduction de la Bible et l'alphabétisation dans l'Eglise au Togo.

La mobilisation de ressources humaines, matérielles, financières et spirituelles en vue d'accomplir la tâche sur le terrain.

Les résultats sont à la hauteur de l'engagement de l'Eglise locale, il s'agit de :

La collaboration établie avec l'Eglise dans son ensemble et avec certains ministères et partenaires en particulier.

L'envoi d'une vingtaine de missionnaires sur le terrain de la recherche linguistique, la traduction, l'alphabétisation, la prière d'intercession et la promotion des Saintes Ecritures en langues maternelles togolaises.

Le soutien missionnaire partiel assuré par les églises et les contributions financières substantielles de ces églises et partenaires au budget du mouvement de la traduction au Togo.

La prière et l'intercession suscitée dans l'Eglise pour la Mission de Dieu et la traduction de la Bible et l'alphabétisation.

Le soutien pastoral et moral obtenu des leaders des églises.

La collaboration amorcée avec les associations locales de traduction de la Bible sur le terrain au Togo.

Cependant, cette panoplie de bonnes actions ne doit pas masquer nos faiblesses, notamment, la très faible mobilisation interne des capacités pour répondre aux besoins du ministère de la traduction de la Bible, la très forte dépendance financière de l'extérieur et l'impérieuse nécessité d'entretenir un amour ardent les uns pour les autres afin de construire une communauté pour Christ. Martin Luther King disait : « Il faut apprendre à nous aimer comme des frères ou nous préparer à périr comme des imbeciles [8] ». En cela, nous reconnaissons les faibles commencements du mouvement. Néanmoins, nous ne les méprisons pas, bien au contraire. Car, nous pouvons toujours compter sur la miséricorde de Dieu et sa fidélité à ses promesses envers nous, lui qui a établi avec nous une Alliance Eternelle en son Fils notre Seigneur. C'est là tout notre salut !

---

8. Martin Luther King, sermon prononcé le 31 mars 1968 à la National Cathedral (épiscopale), Washington.

Une visite surprise

« Mais, dans tout ce qui nous arrive, nous sommes les grands vainqueurs par celui qui nous a aimés. Oui, j'en suis sûr, rien ne pourra nous séparer de l'amour que Dieu nous a montré dans le Christ Jésus, notre Seigneur. Ni la mort, ni la vie, ni les anges, ni les esprits, ni le présent, ni l'avenir, ni tous ceux qui ont un pouvoir, ni les forces d'en haut, ni les forces d'en bas, ni toutes les choses créées, rien ne pourra nous séparer de l'amour de Dieu ! » (Romains 8 : 37-38)

Chapitre 6

Le mouvement de la traduction de la Bible aujourd'hui et demain

Le but du mouvement de la traduction de la Bible au Togo, c'est d'impacter positivement la vie des peuples. Pour cela l'Association Wycliffe Togo met tout en œuvre pour que les Saintes Ecritures soient accessibles à tous ceux qui n'y ont pas encore accès dans leur langue. Il s'agit de :

1. « Rendre par tous les moyens possibles et disponibles la Parole de Dieu (source de salut par la foi en Jésus-Christ) accessible à chaque groupe ethnique et linguistique, dans sa langue maternelle ».
2. Rendre service à l'Eglise par le moyen de la sensibilisation sur la Mission de Dieu (Missio Dei).
3. Revaloriser les langues maternelles.

4. Mobiliser les ressources et développer les capacités en vue d'une bonne utilisation des Saintes Ecritures traduites dans ces langues.
5. Alphabétiser les communautés.

Comme tout arbre tire sa sève des racines, de même le mouvement tirera ses forces de l'Eglise, Corps de Christ dans tout le pays, et de toute personne physique ou morale de bonne volonté. Il faudra pour cela parvenir à développer un partenariat approprié avec l'Eglise d'une part et avec les ministères, associations locales de traductions, missions étrangères, organisations non gouvernementales et gouvernementales d'autre part. Le mouvement de traduction de la Bible pourra ainsi mobiliser les moyens possibles et disponibles pour la recherche linguistique, la traduction de la Bible, l'alphabétisation, la promotion des écritures et des langues en vue du développement des peuples.

Mais avant tout, c'est sur l'Eglise locale que repose l'action du mouvement pour la traduction de la Bible au Togo et au delà. Parce que l'Eglise locale c'est la valeur sûre, la fondation sur laquelle s'appuie la traduction de la Bible sur le terrain. La force de tout édifice réside dans sa fondation. Le mouvement de traduction de la Bible, mobilise, recrute et envoie des personnes appelées du sein de l'Eglise, pour le travail de traduction de la Bible sur le terrain togolais et hors du Togo.

L'importance de l'alphabétisation

Cependant, ce que nous voulons vraiment voir, ce n'est pas seulement une traduction de la Bible dans nos langues maternelles, mais, que les Saintes Ecritures soient utilisées, et que cela conduise au salut par la foi en Jésus-Christ et à une transformation et un épanouissement de ceux qui croient. La difficulté à surmonter avant tout, c'est le développement

L'importance de l'alphabétisation

intellectuel et éducationnel pour vaincre l'analphabétisme. La langue de certaines populations n'a jamais été écrite, aussi, personne ne peut la lire ou l'écrire. Alors les membres envoyés sur le terrain de la traduction commencent par briser la barrière que constitue l'analphabétisme, en apprenant la langue et la culture, en analysant les sons, la grammaire de la langue, pour aider le peuple à développer une forme écrite de sa langue maternelle, avec son propre alphabet, sa grammaire, un dictionnaire et toutes les autres choses qui viennent avec une langue maternelle écrite. Une fois qu'il y a une forme écrite de la langue maternelle, la traduction peut commencer. Les traducteurs en langue maternelle ont besoin d'être formés, mis au travail et encadrés. Simultanément, on doit mettre sur pied un programme d'alphabétisation afin que les populations puissent apprendre à lire et écrire leur langue maternelle. Voilà donc comment la recherche linguistique mène à une langue maternelle écrite, ce qui ouvre le chemin pour une alphabétisation et une traduction de la Bible et à un développement spirituel dans la mesure où l'on se sert des Saintes Ecritures traduites au quotidien.

Mais les peuples n'ont pas seulement besoin d'un développement spirituel. Les populations et les autorités qui les gouvernent ont surtout conscience du besoin d'améliorer les techniques agricoles pour une production alimentaire plus efficace, de soins médicaux et d'hygiène pour une meilleure santé.

En outre, les populations peuvent aussi éprouver le besoin d'un système politique plus démocratique, de justice sociale et d'éducation. Et là aussi, il y a des ministères gouvernementaux et autres organisations qui se spécialisent dans ces domaines. La collaboration avec tous ces acteurs est la condition qui favorisera le passage des populations de l'oralité à l'écriture par le moyen de leurs langues maternelles.

L'analphabétisme est aussi une barrière pour toutes les actions de tous ces partenaires en développement mentionnés plus haut. Leurs efforts de développement souffre du fait que les villageois ne peuvent pas lire une brochure ou prendre des notes lors des ateliers de formation, ni tenir les comptes ou même écrire leur nom. La communication orale ne permet pas vraiment à la totalité du message de passer et d'y demeurer longtemps. Dans chaque situation où une forme écrite de la langue d'un peuple est développée de même que tout le matériel qui accompagne l'enseignement de la lecture et de l'écriture, la possibilité d'aider toutes ces autres organisations à utiliser la langue maternelle écrite pour favoriser le développement dans tous les domaines de la vie du peuple qui parle cette langue devient possible. Ce n'est que dans un environnement où la langue maternelle écrite est utilisée dans tous les domaines de la vie et où les gens ont appris à l'utiliser pour exprimer tous les aspects de leur culture, que les Saintes Ecritures traduites seront effectivement utilisées, surtout par les générations futures. Ainsi se résume le défi à relever! Toutes les ressources possibles et disponibles doivent être mobilisées et canalisées dans un cadre légal comme l'Association Wycliffe Togo. L'Association sera une mission linguistique de développement, un « bras » de l'Eglise au Togo, qui œuvre pour la promotion de la traduction de la Bible, l'alphabétisation, la promotion des Saintes Ecritures et la valorisation des langues maternelles togolaises à travers leur développement et instrumentalisation.

Au-delà de la Vision 2025

Mais le mouvement de traduction de la Bible poursuit son cours à travers l'Afrique et le reste du monde, par la mise en synergie de plusieurs partenaires engagés dans la réalisation d'une vision commune adoptée en 1999 par la grande famille des organisations Wycliffe Alliance Mondiale et SIL International : la vision 2025. Chaque organisation nationale Wycliffe, comme Wycliffe Togo, est autonome et apporte sa contribution singulière au sein de la grande famille Wycliffe Alliance Mondiale.

Pour nous, il faut aller au-delà de la vision 2025. Non seulement il faut achever la mission de traduction de la Bible mais surtout chercher à valoriser le produit fini en vue de la transformation des peuples bénéficiaires. En plus de la promotion des Saintes Ecritures dans les langues maternelles, il y a la nécessité de tout mettre en œuvre pour faciliter la réalisation du développement à la base de l'Eglise et des communautés, en favorisant l'éducation biblique pour tous, à commencer par l'enseignement évangélique dans la langue maternelle qui est aussi la langue du cœur de l'enfant, ou encore l'âme du peuple qui la parle. Car le but ultime c'est éduquer chaque enfant à donner un sens à sa vie dès son jeune âge.

En effet, « Que sert-il à un homme de gagner le monde s'il perd son âme ? ». De même il ne servira à rien à un peuple africain de maîtriser une langue étrangère, fut-elle européenne ou africaine, s'il doit perdre la langue de son cœur qui est son « âme ». La promotion de la langue maternelle d'un peuple est donc la voie de salut du peuple en question. La Parole de Dieu traduite dans la langue pourra infiltrer plus facilement le cœur de ce peuple et propulser la transformation dans tout l'organisme du peuple.

Allez au-delà de la vision 2025 c'est faire en sorte que l'Eglise locale face sienne la révision future des traductions actuelles de la Bible, la production de nouvelles versions, la publication et la diffusion des Saintes Ecritures en langues locales, pour répondre aux besoins des générations futures.

De telles initiatives et bien d'autres permettrons de poser des bases solides du développement de la pensée africaine en général, et la pensée chrétienne en particulier.

Cependant, des contraintes susceptibles de faire obstacle au déroulement normal et régulier du mouvement de traduction sont nombreuses. Parmi ces contraintes prévisibles, il convient de noter :

- La domination des langues et cultures étrangères occidentales en Afrique.
- Le repli de l'Eglise locale africaine sur elle-même, face aux communautés au sein desquelles elle est appelée à dispenser les grâces du Seigneur. Jésus dit : « Je ne te demande pas de les retirer du monde mais je te demande de les protéger du Mauvais ».
- La négligence par les africains eux-mêmes des potentialités énormes des peuples africains pour leur développement et celui du reste du monde.
- Le mépris des langues, cultures et valeurs africaines par l'élite africaine, comme un élément essentiel dans la recherche du développement des pays africains. L'on se cache derrière le nombre pléthorique des langues dans un pays et le peu de locuteurs de chacune de ces langues.
- Le taux élevé d'analphabètes au sein de chaque groupe linguistique.
- Le taux élevé de personnes illettrées ne sachant ni lire ni écrire, dans aucune langue y compris leurs propres langues maternelles, au sein des communautés religieuses.
- Le manque de matériel didactique approprié en langues maternelles déjà écrites.
- Le nombre insuffisant de cadres alphabétiseurs et promoteurs des écritures, pour couvrir les besoins au sein de chaque groupe linguistique.
- Le manque surtout d'une stratégie commune à tous les acteurs opérant sur un territoire, sous forme d'un plan Marshal, pour la promotion de l'alphabétisation, la lecture des écritures en langues maternelles et la promotion des cultures.
- Le manque d'initiative de développement et d'instrumentalisation couvrant la totalité des langues maternelles parlées dans chaque pays. L'objectif d'une telle initiative serait : la formation des formateurs en

langues maternelles, la formation des traducteurs de documents comme : la Constitution du pays, les Droits de l'homme, les Droits des enfants, les valeurs culturelles des peuples et toute la littérature d'édification chrétienne ou séculaire en langues maternelles, la production d'ouvrages et matériel didactique en langues maternelles à des prix compétitifs. Une telle initiative peut offrir un cadre de travail, d'échange d'expériences et d'évaluation dans le domaine de l'éducation en langues maternelles.

Une opération pour relever le défi en faveur de l'ensemble des peuples, langues et cultures de nos pays n'est pas impossible, loin de là. Au Togo par exemple, les partenaires en développement de langues dont le Département du Gouvernement togolais en charge de l'Alphabétisation, comptent parmi les précieuses ressources pour y arriver. Il nous faut certes inventorier et motiver davantage ces partenaires potentiels qui ont un intérêt commun pour le développement et l'instrumentalisation des langues maternelles togolaises.

A l'instar d'une rivière, le mouvement grossira sans cesse en s'enrichissant à chaque étape, par les apports nutritifs, nombreux et variés, venant de ces partenaires dotés de talents singuliers, qui se joignent au cours synergique principal du mouvement, tels des affluents qui se jettent dans un fleuve. Ces partenaires sont pour le mouvement de traduction de la Bible ce que les affluents sont pour un fleuve. Comme tels, ils sont appelés à enrichir cette opération et constituent par conséquent ses principaux atouts lui permettant de vaincre les inévitables contraintes précédemment citées.

Au Togo, les atouts pour réussir ne manquent pas, ce sont les résultats acquis dans le pays au cours des années :

— Les associations de langues locales à pied d'œuvre : ACEB (bassar), APSEK (kabyè), ATAPEB(moba), ACPLL (lama), ASDN (nawdem), GANGAM (gangam), ACATBLI

(ifè), PATBID (ikposso), OADI(igo), ABTem(tem), APLA (akébou), etc.
- Les travaux de linguistes chercheurs de tout bord qui œuvrent inlassablement dans la recherche linguistique fondamentale et appliquée sur les langues du Togo
- Les équipes de traduction des Saintes Ecritures dans plusieurs de ces langues au Togo,
- Les traductions de la Bible ou de ses portions sont disponibles dans plusieurs langues,
- De la littérature riche et variée est disponible en langues maternelles,
- Des alphabétiseurs en activités en langues locales,
- Des promoteurs des Saintes Ecritures traduites en langues engagés sur terrain,
- Des églises locales toujours motivées pour apporter leur soutien si elles comprennent la vision,
- Les efforts de nombreuses ONG,
- Les Universités de Lomé et Kara qui forment de jeunes linguistes.

A ces atouts, s'ajoutent les partenaires hautement intéressés par le développement des langues, la traduction et l'alphabétisation, les académies de langues locales et les Centres culturels.

La question demeure cependant sur comment parvenir à créer cette synergie pour répondre à l'appel des peuples encore dans le besoin ? Nous proposons ici quelques pistes de solution :

- Mettre l'accent sur l'alphabétisation, la lecture et la promotion des Saintes Ecritures en langues maternelles au sein de chaque église et communauté ethnique et linguistique du pays.
- Promouvoir les langues maternelles par des programmes au niveau national comme : le « Mois de la Langue Maternelle ». Chaque communauté ou église locale

sera invitée à consacrer un dimanche de son choix, pour célébrer le culte en langues maternelles représentées en son sein ; faire des prières, des lectures bibliques, des louanges, des chants et danses dans chacune des langues maternelles et en vêtements traditionnelles, pour la gloire de Dieu. Au niveau du groupe ethnique concerné, cet événement sera présenté comme une journée culturelle consacrée à la promotion de la langue maternelle. Elle impliquerait la population et les autorités locales administratives et traditionnelles. La journée mondiale de l'alphabétisation, le 08 septembre est mieux indiquée.

— Organiser la « Foire des Langues Maternelles », une activité qui offre un cadre de découverte des trésors que sont nos langues maternelles, pour notre histoire, nos coutumes, nos croyances, nos technologies et nos cultures, un plaidoyer en faveur du développement et l'instrumentalisation de nos langues maternelles, une rencontre entre promoteurs des Écritures et écrivains en langues maternelles, une opportunité pour promouvoir le livre en langues maternelles par des expositions et apprécier son impact sur le genre humain.

— Organiser des Journées plein feu sur chaque langue locale pour promouvoir la langue locale, la traduction, l'alphabétisation, les écritures, puis mobiliser les ressources pour l'œuvre dans la langue en question, au niveau de chaque préfecture d'origine, lors des fêtes traditionnelles annuelles.

Des campagnes nationales d'alphabétisation et de lecture en langues maternelles

La solution phare consisterait à développer une stratégie commune à tous les acteurs sur le terrain, sous la forme de grandes campagnes nationales périodiques d'alphabétisation et de promotion de la lecture en langues maternelles à travers tout le pays. Dans ce nouveau contexte de mondialisation, les recherches de voies et moyens en vue du développement des nations africaines, ne peuvent plus continuer à faire abstraction du rôle irremplaçable des langues maternelles parlées par les peuples. Car les échanges internationaux ne se limitent plus aux seuls domaines politiques et économiques, mais ils touchent aussi aux valeurs culturelles, morales et spirituelles dont les langues maternelles sont les moyens efficaces de transmission.

L'histoire regorge d'exemples de nations modernes qui ont su faire bon usage de leurs langues maternelles dans la recherche du développement. Les exemples du Japon et de la Corée du Sud peuvent nous inspirer. Un rapport du programme des Nations Unis pour le Développement en 2008 révèle que le taux d'alphabétisation du Japon avait atteint 99% et celui de la Corée du Sud 93,5%. Mais avant que ces deux pays ne parviennent à ce niveau, ils sont tous les deux passés par un déclin social et économique, suite à la deuxième guerre mondiale, et par une détérioration de leurs systèmes éducatifs.

Le taux d'alphabètes était de 20% en Corée du Sud à cause de la pauvreté, soit 80% d'analphabètes dans le pays.

Au Japon, le curriculum scolaire était considéré comme un échec, vu le nombre élevé d'agressions et d'abandons scolaires pour cause de surcharge de travail. Soixante cinq ans plus tard, le Japon et la Corée ont démontré qu'il est possible de promouvoir le développement d'une nation en appliquant des stratégies permettant d'augmenter le taux de lecture au sein des populations. Ces stratégies sont entre autres, une politique claire menée par le gouvernement pour la promotion de la lecture qui passe :

— par la création de bibliothèques dans toutes les localités du pays

- par des campagnes d'encouragement de la population à la lecture et à l'utilisation de ces bibliothèques
- par la mobilisation des domestiques au besoin de la lecture en langue maternelle des enfants dont ils ont la charge et des technologies d'information pour encourager la lecture développée.
- par la collaboration avec les ONG et la société civile dans la promotion de la lecture
- par l'élaboration de curricula d'enseignement à l'analyse du contenu de ce que l'on lit.

En Corée du Sud, environ 35 000 petites bibliothèques ont été construites dans tous les villages de Corée dans les années 1970. Chaque famille Coréenne a contribué à promouvoir la lecture dans sa maison. Une petite bibliothèque familiale contenant des ouvrages sur les valeurs, la culture et l'histoire du peuple servait à stimuler le nationalisme et des encyclopédies pour permettre aux enfants de connaitre l'histoire des pays environnants.

Le résultat tangible de ces efforts c'est le développement que connaissent les deux pays, le Japon et la Corée du Sud, grâce à l'éducation et à l'augmentation de la connaissance chez les populations par la promotion de la lecture en langues maternelles.

L'apport de l'Association Wycliffe Togo et ses partenaires à de telles campagnes nationales d'alphabétisation et de lecture en langue locales consisterait en l'organisation de séminaires de formation des formateurs sur les techniques d'alphabétisation, de promotion des Ecritures et des écrivains au sein des communautés à travers le pays. Les formateurs qui en sortiront auront pour mission de créer d'autres classes d'alphabétisation et de lecture au sein de leurs communautés. La collaboration avec le gouvernement et d'autres partenaires, les églises, et les ONG qui opèrent dans les différentes localités, permettra de relancer à chaque fois les campagnes et de favoriser ainsi l'enracinement de la lecture et de l'écriture au sein des populations bénéficiaires.

Quand le passage de l'oralité à l'écriture sera consommé, ces populations bénéficiaires auront le moyen de participer activement au développement de leur communauté et de leur nation. Elles verront alors l'intérêt que les autorités compétentes du pays accordent à leurs langues et partant, à leur identité et à leur dignité. « L'éducation primaire pour tous » ne sera plus un vain mot. Les valeurs morales, spirituelles et culturelles retrouveront leur place au sein de nos populations grâce à la revalorisation des langues maternelles et cultures, mais surtout grâce à la traduction du Testament de Dieu et de toute littérature édifiante pour les populations. Aussi la réconciliation nationale tant prônée sur le Continent deviendra t-elle une réalité.

De l'oralité à l'écriture pour le développement durable des nations africaines ?

Y a-t-il un besoin d'écrire nos langues africaines, vue leur multitude qui contrastent avec le nombre réduit de leurs locuteurs qui ne se comptent qu'en centaines voir même en dizaines de milliers de personnes ? Quel bénéfice en tirerons-nous, pour ces communautés ethniques, pour la nation et pour l'Eglise ?

La langue maternelle, nous l'avons relevé plus haut, est l'outil culturel de base de chaque communauté humaine, un moyen de communication, d'échange et en même temps un instrument de maîtrise scientifique et technologique indispensable au progrès et à l'épanouissement intégral des hommes de toutes nations et ethnies. La langue maternelle est donc un trésor comme nous l'avons dit, pour notre histoire, nos coutumes, nos technologies traditionnelles, nos cultures et nos croyances. La langue maternelle est 'l'âme' du peuple qui la parle.

Aucune société ne peut changer si elle ne rompt pas avec son mode de vie traditionnel pour tendre vers des aspirations futures bien meilleures. Le passage de l'oralité à l'écriture dans les sociétés occidentales en est une démonstration. La nécessité d'écrire les langues est devenue si évidente que la question ne se pose plus. Mais l'expérience montre aujourd'hui que la simple transcription de l'oralité n'est pas suffisante pour produire cette fracture nécessaire qui conduit au passage de la civilisation orale traditionnelle à la civilisation écrite moderne.

Alors nous sommes en droit de nous demander si, nous qui avons l'oralité pour héritage, ne devrions pas tout simplement tirer profit de cette expertise ? En d'autres termes, au lieu de chercher à passer de l'oralité à l'écrit, est-ce que nous n'avons pas un avantage à développer l'oralité en faisant usage des nouvelles technologies de l'audio-visuel, et de la communication pour appréhender les nouveaux savoirs, et servir au bien-être de nos peuples ?

Pouvons-nous faire abstraction totale de l'écriture de nos langues dans cette recherche du développement ? Avons-nous conscience des besoins réels des peuples pour l'écriture de leurs langues ?

Voilà autant de questions à explorer. Dans cette réflexion considérons quatre besoins cruciaux pour lesquels l'écriture de nos langues reste une priorité malgré tout :

Le besoin de communiquer avec des personnes éloignées dans l'espace et dans le temps :

Comment le message biblique nous serait-il parvenu si Dieu n'avait pas ordonné qu'il soit écrit ? Comment l'ordre donné par notre Seigneur Jésus-Christ à son Eglise serait-il exécuté sans l'écriture du message de l'Evangile à transmettre aux récepteurs lointains ? En l'absence physique de l'émetteur, le message écrit suivant les règles orthographiques d'une langue peut facilement être transmis à ceux qui sont absents, distants ou aux générations à venir. Ainsi, les nouveaux savoirs sont conservés et transmis à un auditoire plus grand et varié.

Le besoin d'affirmer l'identité de chaque peuple et sa langue maternelle comme instrument de communication approprié :

« Quelque nombreuses que puissent être dans le monde les diverses langues, il n'en est aucune qui ne soit une langue intelligible » (1Corinthiens 14 :10)

Ecrire une langue c'est montrer que cette langue est douée de moyens au même titre que toutes les autres langues et donc capable d'appréhender les données modernes. Les locuteurs peuvent en jouir dans leur vie quotidienne si cette langue est hissée par son écriture, au niveau d'un instrument de conquête des facteurs du mieux être de ses locuteurs.

Le besoin d'assurer le capital culturel, économique et politique de chaque peuple par rapport aux autres sur l'échiquier national :

Chaque communauté ethnique dispose d'un certain capital culturel, économique et politique qui ne peut être assuré par rapport aux autres peuples que lorsque leur langue est écrite et possède une autonomie complète. Les peuples africains sont malheureusement dans ce cas de dépendance économique et politique, parce qu'ils ont besoin d'abord du français, de l'anglais, du portugais ou de l'espagnol, pour leurs contacts extérieurs, mais surtout parce qu'ils en ont besoin pour l'éducation de leurs enfants. En choisissant les manuels d'éducation dans les langues étrangères comme le français ou l'anglais, les peuples africains sont dépendants des peuples français et anglais. Ainsi les langues maternelles africaines sont dominées par les langues qui ont accédé à l'écriture et fournissent tout le savoir qui relève de l'écriture.

Le passage de l'oralité à l'écriture nécessite l'élaboration d'une orthographe simple et cohérente, certes, mais elle exige aussi la création de conditions de rupture entre l'oralité et l'écriture au sein des communautés linguistiques. Le bénéfice à en tirer peut se résumer en ces termes : le mieux-être des communautés et l'accomplissement de la Mission de Dieu et de notre Seigneur Jésus-Christ qui appelle ses disciples à faire de toutes les nations des disciples.

Il y a donc un défi à relever pour chaque langue et ce défi est triple : d'abord le défi du développement et l'instrumentalisation de la langue maternelle, celui de l'alphabétisation et de la production audio-visuelle, enfin celui de la traduction en langues maternelles de tous les savoirs qui relèvent de l'écriture. Ce qui est visé c'est de faire de la langue un instrument de développement culturel et de maîtrise du savoir et du pouvoir.

Le besoin de réapprendre nos langues maternelles africaines :

Pour le Missiologue ghanéen Kwame Bédiako, (BÉDIAKO 2004b) ceux qui ont le plus besoin des langues maternelles, ce sont les intellectuels Africains.

Bien que peu évident aux yeux d'un grand nombre de gens, ce besoin n'en demeure pas moins une réalité. L'augmentation de l'ignorance des langues maternelles et des cultures africaines au sein des intellectuels en Afrique est à la fois un défi et une opportunité pour l'écriture des langues africaines et la promotion de la littérature écrite, de même que le matériel audio-visuel dans nos langues africaines.

Pour relever ce défi il faut développer le partenariat avec les autorités politiques et administratives locales, puis avec tous les utilisateurs des langues maternelles. Il y a donc une nécessité de sensibiliser et partager la vision avec les cadres de chaque peuple.

Une action concertée doit être menée en vue d'une mise en commun des efforts, à travers des actions synergiques dans lesquelles chaque partenaire apportera son capital.

Quel développement pour nos nations africaines ?

Qu'est-ce donc que le développement d'une nation ? C'est en effet une question difficile à répondre. Notre vision de développement d'une nation s'inspire de la vision que donne C.E. Black dans son article « Dynamics of Modernisation » (BLACK 1966) en particulier dans le chapitre sur la signification du développement. L'auteur critique le fait de prendre en compte uniquement l'aspect économique d'une nation pour mesurer son degré de développement. Le développement d'une nation est à mettre en rapport avec le développement de tout le potentiel de la personne humaine et de son intégration sociale au sein de sa nation. C'est là où le bas blesse ! Car beaucoup d'intellectuels africains ont du mal à s'intégrer au sein de leur communauté ethnique et linguistique, du simple fait de l'ignorance de leur langue maternelle et culture.

Les conditions à remplir pour arriver à ce développement de la personne humaine prennent en compte les facteurs économiques tels que satisfaire aux besoins, en nourriture, en vêtements, de travail, d'équité dans la répartition des richesses, aussi bien que satisfaire aux besoins d'une éducation adéquate, de liberté de parole, et d'une autonomie politique et économique de la nation. Black a ainsi déterminé cinq domaines de développement interconnectés de la vie qui sont, intellectuel, politique, économique, social et psychologique.

Suite à une enquête qu'il a menée sur l'histoire du développement du monde moderne, il rappelle le fait que le processus de développement des nations est à la fois créatif et destructif. Ainsi nous voyons que les états les plus modernes sont ceux qui sont les plus à même de détruire l'humanité et tout son environnement. Pourtant, malgré le double effet créatif et destructif du développement, toutes les nations préfèrent plutôt sortir du sous-développement que d'y rester.

Quel développement pour nos nations africaines ?

Parmi les aspects les plus importants à retenir dans le processus du développement pour l'Afrique, nous pouvons citer : le développement économique, le développement politico-juridique, le développement socioculturel, et le développement intellectuel et éducationnel. La question c'est de savoir si les langues maternelles constituent un facteur clé dans le développement de ces aspects importants ? Quels sont les facteurs qui restreignent le développement de tout le potentiel de la personne humaine, au plan économique par exemple ? Nos langues maternelles en font-elles partie ?

En 1954, les Nations Unis ont dressés douze domaines [1] importants pour un développement social réussi. Ce sont, la santé, la nourriture, l'éducation, les capacités littéraires, les conditions de travail, la situation du chômage, la consommation et l'épargne, le transport, le logement, les vêtements, les loisirs, la sécurité sociale, et les libertés humaines. Ces aspects sont aussi considérés comme les repères d'un développement économique. Ainsi, nous revenons à notre question, les langues maternelles jouent-elles un rôle de facilitation ou de restriction du potentiel de la personne humaine à participer au développement économique et social de son peuple ou de sa nation ? Nous répondons à l'affirmative, nos langues jouent un rôle de facilitation de premier plan.

Qu'en est-il du développement politico-juridique de nos nations ? Quelle est la place des langues maternelles dans ce domaine ? L'aspect externe de ce domaine politico-juridique touche à la sécurisation des frontières de nos pays et au maintien de bonnes relations avec les pays voisins. En interne, l'élaboration et l'adoption d'une constitution acceptable et convenable pour tous au sein de la nation, la recherche et l'élection d'un leadership légitime et de façon appropriée, la législation, et le renforcement de la justice dans le pays sont entre autres les aspects principaux du domaine. Le développement de ce domaine politico-juridique implique que la majorité, sinon, toute la population d'un pays participe activement

---

1. *Survey of Social Statistics*, United Nations, 17th December, 1954.

aux activités y afférentes. Ainsi, la constitution du pays doit-elle être traduite et rendue accessible à tous dans le langage que chacun comprend le mieux. La participation aux élections doit être faite en toute liberté et refléter l'opinion des citoyens sur la vie politique de leur pays. La classe dirigeante doit pouvoir communiquer régulièrement à la population dans toutes ses composantes, leur gestion des affaires de l'Etat, et les lois votées doivent être communiquées à tous dans un langage familier à chacun. La communication à toute la population dans nos pays plurilingues pose naturellement un problème majeur. Comment donc faciliter cette communication à tous dans la langue qu'ils comprennent le mieux, sans parler du droit à l'information écrite pour chaque citoyen dans sa langue ? En effet, la « Charte Culturelle Africaine » adoptée en 1976 par le sommet des chefs d'Etat réunis à Port-Louis (Ile Maurice), et le « Plan de développement de l'Afrique » adopté également par les chefs d'Etat réunis à Lagos (Nigéria) en 1980, recommandent comme priorité ce qui suit : « La transcription, l'enseignement et le développement de l'utilisation des langues nationales de manière à en faire des langues de diffusion et de développement des sciences et de la technique », de même que « l'introduction et l'intensification de l'enseignement des langues nationales afin d'accélérer le processus de développement économique, social, politique et culturel de nos Etats ». Nos langues non écrites constituent donc un frein. Il y a donc une nécessité de mettre à contribution nos linguistes pour faciliter le développement politico-juridique au sein de nos nations ?

Un autre domaine c'est la promotion de la diversité culturelle. Beaucoup de personnes, y compris nos gouvernants soutiennent cette idée et sont même prêts à se battre pour sa promotion. Pour le Professeur Gilbert Ansre, (ANSRE 1990) une politique linguistique inclusive est le bon choix pour les pays africains dans la construction de leurs nations respectives. Quand le nationalisme prend en compte l'intégration de tous les groupes ethniques et linguistiques qui composent un Etat-nation, il est plus facile d'aboutir à un pays culturellement intégré et prospère. Mais quand le nationalisme pour parvenir à un Etat-nation devient sélectif, l'intégration culturelle de tous les groupes ethniques et linguistiques devient difficile et constitue une source de tension au sein de cette nation. Car, comme le précise la Charte Culturelle Africaine, « l'affirmation d'une identité nationale ne doit pas se faire au prix de l'appauvrissement et de la sujétion des diverses cultures existant au sein d'un même Etat ».

Pour nos nations africaines naissantes, « la règle d'or [2] » doit être appliquée en ce qui concerne les peuples et leurs langues. Le respect de la diversité est la condition pour le développement harmonieux d'une nation. Les exemples suivants confortent cette analyse. Prenons le cas de la France où les parlers provinciaux ont été marginalisés au profit du parler de l'Ile de France. Fort heureusement, on assiste de nouveau à l'émergence de certains parlers et cultures, comme le breton et l'alsacien. Un autre cas se trouve en Espagne avec la langue catalane où une traduction des Saintes Ecritures existe en catalan depuis plusieurs siècles aux côtés de l'espagnole. Pendant longtemps, le catalan était supprimé des curricula scolaires. La Catalogne étant la province la plus riche du pays, elle cherche à se séparer de l'Espagne, malgré l'opposition du reste du pays. Aujourd'hui, le catalan est réintroduit et les enfants apprennent de nouveau leur langue à l'école en Catalogne. Nous pourrons aussi citer le cas de la langue gallique au Pays de Galles et en Ecosse où la langue anglaise domine.

Le plus important pour nos nations africaines, c'est d'arriver au point où le rapport entre l'élite et la masse au sein d'une nation est amoindri sinon totalement réduit à zéro. Les traits culturels et artistiques de chaque groupe ethnique et linguistique dans le pays doivent être appréciés, traités équitablement et promus, sans distinction aucune. Car la promotion

---

2. "Tout ce que vous voulez que les hommes fassent pour vous, vous aussi, faites-le de même pour eux, car c'est la loi et les prophètes." (Mathieu 7 :12)

de la diversité culturelle et artistique signifie la promotion des valeurs linguistiques, culturelles et artistiques de tous les groupes ethniques du pays. Cette promotion passe nécessairement par le développement des langues parlées par ces peuples.

Le développement intellectuel et éducationnel est fondamental dans un pays en quête de développement national. Le développement intellectuel, c'est l'augmentation de la compréhension, la maîtrise de soi et de son environnement, l'accumulation de ces connaissances et des méthodes d'explication et d'application pour résoudre les besoins de l'homme et enfin la création, le développement et la dissémination des idées innovantes. Il est reconnu que le développement intellectuel est le moteur de tout développement au sein d'une nation.

Mais le développement intellectuel doit être transmis d'une génération à une autre. C'est la transmission du développement intellectuel acquis par une communauté à d'autres membres de la même communauté, qui est l'éducation. Eduquer une personne consiste à préparer cette personne en vue de sa pleine participation au développement de sa société. La compréhension par l'individu de tout son environnement, spirituel, physique, social et psychologique, la possession de toute la technologie adéquate, sont les signes avant-coureurs d'un développement intellectuel, éducationnel et spirituel.

L'éducation devient alors le moyen par excellence pour atteindre les aspirations de l'homme, d'un peuple ou d'une nation qui sont : la liberté et la prospérité. Nos langues non écrites constituent donc un véritable frein au développement intellectuel, éducationnel et spirituel de l'Eglise locale et des nations africaines naissantes.

Selon Nelson Mandela : « L'éducation est l'instrument le plus puissant que l'on peut utiliser pour changer le monde. » Dans la pensée de Mandela, l'éducation en tant que transmission des savoirs acquis par une communauté est un instrument puissant pour le changement quand cette transmission est faite dans la langue maternelle d'une personne. C'est pourquoi il dit en substance : « Quand vous parlez à quelqu'un dans une langue qu'il comprend, cela va dans sa tête. Quand vous lui parlez dans sa langue maternelle, cela va dans son cœur ».

Epilogue

Vers la liberté et la prospérité

Autour de la table (POIDI 2007) soigneusement bien dressée au centre du salon de la maison, était assis à la place d'honneur, le père de famille, Monsieur Jonathan Weiss, mon Professeur d'hébreu à l'Université Hébraïque de Jérusalem. A sa droite, se trouvait sa femme, ensuite ses deux filles, puis son fils, son gendre et sept visiteurs dont deux dames et cinq hommes, moi-même y compris. Devant chaque siège était inscrit le nom de chaque convive et un livre d'Haggadah (le livre des rituels de la Pâque juive) était posé. Il sonnait 21h, la nuit de la célébration du « Seder » peut alors commencer. Le « Seder » signifie la commémoration de la 'Liberté de Dieu' accordée au peuple d'Israël, quand Dieu l'a fait sortir du pays d'Égypte des Pharaons. « Moïse dit au peuple : Souvenez-vous de ce jour où vous êtes sortis d'Égypte, de la maison de servitude ; car c'est par la puissance de sa main que l'Éternel vous en a fait sortir. On ne mangera pas de pain levé. » (Exode 13 :3).

Monsieur Weiss prend la parole et fait une brève introduction à la soirée. Puis la traditionnelle lecture du récit de la sortie d'Egypte commença dans le livre d'Haggadah. D'abord c'est le gendre qui commence la lecture en hébreu. Tout le long de la nuit, la lecture sera faite à tour de rôle par tous les convives autour de la table, dans la langue de chacun, c'est-à-dire en hébreu, en anglais et en français. L'atmosphère était très agréable et l'on pouvait sentir le vent de la communion fraternelle. Une des filles de Monsieur Weiss nommée Déborah prenait la parole de temps à autre pour expliquer dans un anglais parfait, le processus de la célébration. Mais c'est surtout les commentaires de Monsieur Weiss qui ont retenus notre attention. Ils étaient remplis de sagesse et d'inspiration. En voici quelques morceaux choisis dans le cadre de ce livre.

La liberté, qu'est-ce que c'est ? Pourquoi faire ?

Le Seder, nous l'avons dit, c'est la commémoration de la liberté que Dieu a donnée au peuple d'Israël quand il l'a fait sortir du pays d'Égypte. Mais qu'est-ce la liberté ? La sortie d'Egypte était en fait synonyme de la naissance d'une nation, la Nation d'Israël. Mais la liberté d'une nation ne peut s'obtenir qu'à condition que chaque individu désir et cherche effectivement à être libre. Ainsi, il y a une corrélation entre la liberté nationale et la liberté individuelle. Les deux vont ensemble et il ne peut y avoir l'un sans l'autre. Aucun juif ne peut rechercher sa liberté en dehors de la liberté de la Nation d'Israël. En d'autres termes, le corps dépend des membres et les membres du corps pour vivre.

Cette analyse met en relief le parallélisme entre la pensée juive et la pensée africaine : « Je suis parce que nous sommes ». La liberté et la prospérité de l'Eglise tout comme celle d'Israël et celle de nos nations africaines ne pourront s'obtenir qu'à condition que chaque chrétien, chaque citoyen ou individu, indépendamment de son arrière-plan, désire et recherche la liberté que Dieu donne en Jésus-Christ. « Si le Fils vous affranchit, vous serez réellement libre. »

Israël, peut-il se réjouir totalement de sa liberté obtenue hors d'Egypte ? La réponse à cette question c'est : Non !

Avec un doigt trempé dans nos verres contenant du vin, nous avons chacun déposé une goute de vin dans nos assiettes respectives. Sur les instructions du père de famille, nous avons tous répété cette action trois fois de suite. Ce rituel symbolise le fait que la liberté d'Israël a un prix. Ce prix ce sont les souffrances infligées à l'ennemie, l'Egypte, qui a tenu les Hébreux dans l'esclavage pendant quatre cents ans. L'Egypte a souffert d'au moins dix plaies envoyées par Dieu sur le pays pour la liberté des Hébreux.

Cette réalité fait d'Israël une nation unique en son genre et en ses valeurs. Alors que tous les peuples se réjouissent de ce que leurs ennemies reçoivent la punition qu'ils méritent, le Peuple Juif nous rappelle que personne ne peut vraiment se réjouir totalement, lorsque sa liberté résulte des souffrances de ses ennemies.

Le prix de la liberté de tous les peuples de la terre est payé par Jésus-Christ. Nous aussi nous ne pourrons nous réjouir véritablement de notre liberté acquise en Jésus-Christ que quand tous les peuples auront accès à la Parole qui conduit à cette liberté. La Bible dit : « L'amour ne se réjouit pas de l'injustice, mais il trouve sa joie dans la vérité » (1Corinthiens 13 :6). Car « Ta Parole est la vérité » (Jean 17 : 17b). Dieu nous a donné un Testament pour un héritage éternel de liberté en son Fils. C'est la Bonne Nouvelle qui sera pour tous les peuples du monde le sujet d'une grande joie. Le grand défi face à l'Eglise aujourd'hui c'est de traduire le Testament de Dieu dans toutes les langues pour tous les peuples et de tout mettre en œuvre pour qu'il soit lu, cru, et promu.

Soyons toujours reconnaissants à Dieu

Le rituel du souvenir de la sortie d'Egypte (Haggadah) est le « souffle » par lequel Israël (nation et individu), respire. Or, chaque souffle de la respiration nous rappelle la grâce de Dieu dans nos vies. Ainsi, comme le corps a constamment besoin de la respiration pour vivre, de même la nation et chaque citoyen Israélien ont besoin de répéter la commémoration de la sortie d'Egypte, de génération en génération selon l'ordre du Seigneur, pour se souvenir de ce que Dieu a fait pour leurs Pères. Cette vie là est la voie de la liberté qui conduit à Dieu.

De même, Dieu donne aujourd'hui un « nouveau souffle » non seulement à Israël mais aussi à toutes les nations de toutes tribus et de toutes langues, par son Fils Jésus-Christ mort sur la croix de Golgotha. Par cet acte Dieu fait sortir chaque être humain de la servitude du péché, pour le faire rentrer gracieusement et par la foi en Jésus-Christ, en possession d'un héritage éternel. Soyons donc toujours reconnaissants à Dieu.

Mais où est passée la promesse de Dieu faite à Abraham disant : « Je ferai de toi une grande nation ? »

Après que Dieu ait fait la promesse à Abraham, celui-ci s'est rendu en Egypte à cause de la famine. Plus tard, les descendants d'Abraham se rendront eux aussi en Egypte. C'est là qu'ils multiplieront sous la contrainte de l'esclavage. Dans le monde moderne, environ six millions de Juifs ont périt dans la Shoa [3]. Aujourd'hui, les Juifs ne représentent qu'une infime portion de la population mondiale. Il y a environ quatorze millions de Juifs dans le monde dont six millions vivent en Israël moderne fondé le 14 mai 1948.

Où est donc la promesse de Dieu faite à Abraham ? A-t-elle été accomplie ou bien tarde-t-elle encore à s'accomplir ? Dans tous les cas, nous savons que Dieu est fidèle. Il a accompli ses

---

3. Holocauste juif

promesses envers Abraham, selon qu'il est écrit : "Je t'ai établi père d'un grand nombre de nations" (Romains 4 : 17). Il les accomplira certainement envers chaque individu qui espère en lui. Entre Israël et l'Eglise, il y a une continuité, pas un remplacement. « Car les dons gratuits et l'appel de Dieu sont irrévocables. » (Romains 11 :29)

Le symbolisme de la commémoration de la sortie d'Egypte

La Bible nous enseigne que les Pères d'Israël ont souffert en Egypte (Genèse), et hors d'Egypte (Exode 12). Sur leur route vers la Terre Promise, ils ont vécu l'amertume et l'aridité du désert. Au même moment ils ont aussi expérimenté les bontés de l'Eternel tout le long du chemin. Que jamais, les descendants d'Israël n'oublient les bontés de Dieu envers eux. Aussi doivent-ils toujours chanter ce refrain : « Dai Enu, Dai Enu, Dai Enu » 'Jamais nous ne l'oublierons'.

Le Seder et Haggadah sont institués pour rappeler à Israël et ses descendants, de génération en génération, les bontés de Dieu. Ils donnent à l'Israël l'opportunité d'expérimenter les joies et les souffrances de leurs ancêtres en marche vers la liberté et la prospérité de Dieu. Le Seder commence avec les souffrances et termine dans les chants de louange et d'allégresse à l'endroit du Dieu vivant pour sa grâce envers Israël.

La quête de la liberté et la prospérité auxquelles aspirent tant les peuples du monde est satisfaite dans le Testament de Dieu que le Testateur, Jésus-Christ, nous a laissé après sa mort sur la croix du calvaire pour nos péchés et pour ôter nos malédictions. Il a dit :

> « *Tout pouvoir m'a été donné dans le ciel et sur la terre. Allez, faites de toutes les nations des disciples,*

EPILOGUE

> *baptisez-les au nom du Père, du Fils et du Saint-Esprit, et enseignez-leur à garder tout ce que je vous ai prescrit. Et voici, je suis avec vous tous les jours, jusqu'à la fin du monde* ». (Matthieu 28 :18-20)

Levons-nous en son nom, pour traduire et diffuser le Testament de Dieu c'est-à-dire la Bible, dans les langues du monde qui sont encore dans le besoin.

Bibliographie

ABBOTT, Mary et Monica COX (1966). *Collected field reports on the phonology of Basari*. Collected Language Notes 5. Legon : Institute of African Studies, University of Ghana.

ANSRE, Gilbert (1990). *National Development and Language : A Prologue to Language Policy Formulation and Implementation*.

BÉDIAKO, Kwame (2004a). *Jesus and the Gospel in Africa : History and Experience*. Maryknoll, NY : Orbis Books.

— (2004b). « The Relevance of Bible Translation For Church Growth ». In : *FOBAC*. Accra, Ghana : Christialler Institute of Theology, Mission et Culture.

BESSONG AROGA, P. D. (2006). *Bible et Transformation : l'exemple de Joseph, une inspiration pour l'intercession*. Yaoundé : Editions ADG.

BLACK, C E (1966). *Dynamics of Modernisation*. Harper & Row.

BRIDGE, Donald (1987). *Power Evangelism and The Word of God*. Eastbourne : Kingsway Publications.

CARSON, A. D., éd. (2001). *New Testament Commentary Survey*. 5th edition. Grand Rapids, Michigan : Baker Academic.

COX, M. (1998). « Description grammaticale du ncam (bassar) ». Mém.de mast. École Pratique des Hautes Études.

CRUNDEN, S (1984). « Initial study of prominence in Bassar Discourse ». Mém.de mast. LBC-SIL (CNAA).

DAUGHERTY, K (2007). « *Missio Dei* : The Trinity and Christian Missions ». In : *Evangelical Review of Theology* 31.2, p. 151–168.

DIPROSE, Ronald E. (2004). *Israël dans le développement de la pensée chrétienne*. Saône : La joie de l'Eternel.

DOBSON, J (2005). *Learn New Testament Greek*. Grand Rapids, MI : Baker Academic.

EDGAR, B (2004). *The Message of the Trinity*. Leicester : InterVarsity Press.

GBLEM-POIDI, Massanvi Honorine (1995). « Description systématique de l'igo ». Thèse de Doctorat Nouveau Régime. Grenoble : Université Stendhal.

GBLEM-POIDI, Massanvi Honorine et Laré KANTCHOA (2012). *Les Langues du Togo, Etat de la recherche, et Perspectives*. Paris : Harnatan.

GOLDSMITH, M (2002). *Good News for all nations : Mission at the heart of the New Testament*. London : Hodder et Stoughton.

GOUCHER, Candice (1985). « The Iron Industry of Bassar, Togo : An Interdisciplinary Investigation of African Technological History ». Thèse de doct. Los Angeles : University of California Los Angeles.

GUEU NETTAUD, T. (2010). *Le Testament de Dieu pour les nations*. Abidjan : Edition Sel et Lumière.

HALEY BARTON, Ruth (2006a). *Sacred Rhythms : Arranging our Lives for Spiritual Transformation*. Leicester : IVP Books.

— (2006b). *Sacred Rhythms : Arranging our Lives for Spiritual Transformation*. Leicester : IVP Books.

HIEBERT, G. Paul, Daniel R. SHAW et T. TIÉNOU (1999). *Understanding Folk Religion*. Grand Rapids, MI : Baker Books.

HOSKINS, B (1989). *Tout ce qu'ils veulent, c'est la vérité*. Nîmes : Vida.

HUNT, R (2010). *The Gospel among the nations : A documentary history of inculturation*. Maryknoll, NY : Orbis Books.

JENKINS, P. (2006). *The new faces of Christianity : believing the Bible in the global south*. Oxford University Press.

JOUON, Paul et T. MURAOKA (1996). *A Grammar of Biblical Hebrew*. Rome : Pontificio Istituto Biblico.

LANDES, M. G. (2001). *Building your Biblical Hebrew vocabulary*. Atlanta, GA : Society of Biblical Liberature.

LENOIR, F (2012). *La guérison du monde*. Paris : Arthème Fayard.

« Les langues au service du développement » (2004). In : *Le Traducteur : Bulletin d'échange de l'Association Wycliffe Togo* 1.

MYERS, B. L. (1999). *Walking with the poor : principles and practices of transformational development*. Maryknoll, NY : Orbis Books.

NAVEH, J. (1997). *Early History of the Alphabet*. Hebrew University, Jerusalem : Magnes Press.

NEILL, S. (1964). *A History of Christian missions*. London : Penguin Books.

POHOR, R. et M. KENMOGNE (2012). *Théologie et vie chrétienne en Afrique*. Wycliffe Global Alliance, Africa Area : ADG.

POHOR, Rubin et Michel KENMOGNE, éds. (2012). *Théologie et Vie Chrétienne en Afrique*. Wycliffe Globale Alliance, Africa Area. Glô-Djigbé : ADG Editions.

POIDI, N (1987). « Phonématique et Système tonal su baassaal. Une approche descriptive ». Maîtrise. Paris III.

POIDI, N (1995). « Etude Comparative du baasaal et de l'aka-selem ». Thèse de doctorat, Nouveau Régime. Université Stendal, Grenoble III.

— (2007). *What can we learn from a night of Seder in a Jewish Family ?* Jerusalem : HBT.

PROST, André (1963). « Les classes nominales en bassari-tobote : comparaison avec le naoudem ». In : *Journal of African Languages* 2.3, p. 210-217.

RENDTORFF, R. (2011). *Introduction à l'Ancien Testament*. Paris : Les éditions du Cerf / Verbum Bible.

ROSNAY, Joël de (2012). *Surfer La Vie : Comment sur-vivre dans la société fluide*. Paris : Babel.

SANNEH, Lamin (1989). *Translating the message : The missionary impact on culture*. Maryknoll, NY : Orbis Books.

— (2003). *Whose Religion is Christianity ? The Gospel beyond the West*. Grand Rapids, MI : William B. Eerdmans.

SAUNDERS, P. (2004). *No Ordinary Book : A Bible Translator tells his story*. Belfast : Ambassador International Publications.

SMALLEY, W. (1991). *Translation as mission. Bible Translation in the modern missionary movement*. Macon, GA : Mercer University Press.

SMITH, D.W. (2003). *Against the Stream : Christianity and Mission in an Age of Globalization*. Leicester : InterVarsity Press.

STINE, P. (2012). « Eugène A. Nida, Theoretician of Translation ». In : *International Bulletin of Missionary Research* 36.1, p. 38-39.

STUART, D. (2001). *Old Testament Exegesis*. Louisville, KY : Westminster John Knox Press.

SWELMOE, W. (2008). *A new vision for missions : William Cameron Thousend, the Wycliffe Bible Translators and the culture of early evangelical faith missions.* Tuscaloosa, AL : The University of Alabama Press.

'T SLOT, Steef van (2000). *Evangelisation du monde : Que Tous Puissent Entendre.* WEC International, Afrique du Sud : Hebron Theological College.

THOMAS, V. (2004). *Paper Boys : A vision for the contemporary church.* Milton Keynes : Authentic.

TOWNSEND, Cameron William et S. Richard PITTMAN (1974, 1996). *Thou Shalt Remember All The Way.* Dallas, TX : Summer Institute of Linguistics, Inc.

VAUX, Roland de (1997). *Ancient Israel : Its Life and Institutions.* Grand Rapids, MI : Wm. B. Eerdmans Publishing.

VOLF, M. (1998). *After Our Likeness : The Church as the Image of the Trinity.* Grand Rapids, MI : Wm. B. Eerdmans Publishing.

WALTER, S. L., C. L. JACKSON et T. M. LAWSON (1992). « GILLBT, 30 Years Ago ». In : *Mother Tongue.*

WATKINS, M. (1978). *Literacy, Bible Reading, and Church Growth Through the Ages.* Pasadena, CA : William Carey Library.

WEGNER, P. (199). *The journey from texts to translations, The origin and development of the Bible.* Grand Rapids, MI : Baker Academic.

WESTERMANN, Diedrich Hermann (1922). *Die Sprache der Guang in Togo auf der Goldküste und Fünf andere Togosprachen.* Berlin : D. Reimer (E. Vohsen).

WILDER, Charles K, éd. (1973). *Political Economy of Development and Underdevelopment.* New York, NY : Random House.

WINTER, R. (2009). « Understanding the Polarization between Fundamentalist and Modernist Missions ». In : *International Journal of Frontier Missions* 26.1.

WRIGHT, Christopher J.H. (2006). *The Mission of God : Unlocking the Bible's Grand Narrative*. Nottingham : Inter-Varsity Press.

WURTHWEN, E. (1995). *The Text of the Old Testament*. Grand Rapids, MI : Wm. B. Eerdmans Publishing.

Table des matières

Prologue	**ix**
1 Wycliffe en Afrique	**1**
Sous la contrainte de la persécution	5
La quatrième période de l'histoire des missions	7
Partenariat ou Dépendance ?	12
Comprendre la mission de la traduction de la Bible	17
Dieu agit souverainement en son temps	18
Le contexte africain	19
Mombassa, Kenya 1989	20
2 Dieu parle ma langue !	**23**
Les débuts au Ghana	25
Installation au Togo	26
Du GBU à la Traduction de la Bible	27
Des obstacles à surmonter pour traduire la Bible	28
L'étape du test de la traduction	29

TABLE DES MATIÈRES

Il y a un temps pour toute chose 31
Le rôle déterminant de l'église locale 32
Apprendre à lire à mon peuple 34
Les retombées de la traduction et l'alphabétisation . 35
Le Centre Bethesda 36
La générosité appelle la générosité 37
Un nouveau bâtiment pour le Centre Bethesda . . . 39
Le développement pour des personnes aveugles . . . 40
Des vies transformées 42
La traduction et le développement 42

3 Le mouvement de la traduction de la Bible au Togo 47

Le Nouveau Testament bassar 48
Ce que l'on sème c'est ce qu'on moissonne 52
Un événement solennel, la dédicace du « Livre de Dieu » 61
La traduction de l'Ancien Testament en n'tcham (bassar) 69

4 Une porte ouverte **81**

Les Bogo, un peuple à part 82
Les recherches linguistiques sur l'igo 83
Le réveil en milieu Bogo 86
Dieu parle l'igo 89
Le développement de l'igo et l'alphabétisation 92

Table des matières

5 La naissance de l'Association Wycliffe Togo   **95**

  « Si la vision tarde, attends-là » 96

  « Le juste vivra par la foi » 97

  L'évolution de la vision 98

  Le congrès statutaire 106

  Le développement du partenariat 108

  Mais à qui obéir, Dieu ou les hommes ? 111

  Convaincre à tout prix 112

  Une visite surprise 116

6 Traduction : aujourd'hui et demain   **123**

  L'importance de l'alphabétisation 124

  Au-delà de la Vision 2025 126

  Campagnes nationales d'alphabétisation 131

  Quel développement pour nos nations africaines ? . 138

Epilogue   **145**

  Vers la liberté et la prospérité 145

  La liberté, qu'est-ce que c'est ? Pourquoi faire ? . . . 146

  Soyons toujours reconnaissants à Dieu 147

  Je ferai de toi une grande nation 148

  Le symbolisme de la commémoration de la sortie d'Egypte 149

www.ingramcontent.com/pod-product-compliance
Lightning Source LLC
Chambersburg PA
CBHW061324040426
42444CB00011B/2769